53 · 2021

53 · 2021

FUNDE UND AUSGRABUNGEN
IM BEZIRK TRIER

Aus der Arbeit
des Rheinischen Landesmuseums Trier

RHEINISCHES
LANDESMUSEUM
TRIER

Gedruckt mit freundlicher Unterstützung der
Gesellschaft für Nützliche Forschungen zu Trier

Open Access
Die „Funde und Ausgrabungen im Bezirk Trier"
erscheinen jährlich seit 1969.
Mit Unterstützung von PROPYLAEUM, dem
Fachinformationsdienst Altertumswissenschaften
der Universitätsbibliothek Heidelberg und der
Bayerischen Staatsbibliothek München, steht
das Archiv der bisherigen Jahrgänge im Rahmen
von Angeboten zum E-Publishing online zur
Verfügung.
https://www.propylaeum.de
https://journals.ub.uni-heidelberg.de/index.php/
fuabt/index

Herausgeber
Generaldirektion Kulturelles Erbe Rheinland-Pfalz
Direktion **Rheinisches Landesmuseum Trier**
in Verbindung mit der
Direktion **Landesarchäologie, Außenstelle Trier**
Weimarer Allee 1 · D-54290 Trier
Telefon 0651/9774-0 · Fax -222
landesmuseum-trier@gdke.rlp.de
www.landesmuseum-trier.de
www.gdke.rlp.de

Redaktion
Thomas Martin / Manuel Fiedler (Schriftleitung)
Kristina Schulz (Lektorat und Textbearbeitung)
Stephan Dreßler (Satz und Layout)

Druckoptimierung der Abbildungen
Stephan Dreßler

Verlag
Dr. Ludwig Reichert Verlag Wiesbaden
www.reichert-verlag.de

ISBN 978-3-7520-0678-0
ISSN 0723-8630

Printed in Germany
Gedruckt auf säurefreiem Papier
(alterungsbeständig – pH 7, neutral)

**Bibliografische Information
der Deutschen Nationalbibliothek**
Die Deutsche Nationalbibliothek verzeichnet
diese Publikation in der Deutschen Nationalbiblio-
grafie; detaillierte bibliografische Daten sind im
Internet über http://dnb.dnb.de abrufbar.

Inhalt

Götterkinder: Sabine Faust

Ein Streifzug
durch die griechisch-römische Mythologie
im Rheinischen Landesmuseum Trier

Teil II: Die Kinder der anderen Götter

Poseidon/Neptun und Amphitrite

Zeus' Bruder Poseidon ist mit Amphitrite, der Tochter des Okeanos und der Thetys, vermählt. Von den vier gemeinsamen Kindern erscheint auf Darstellungen bei uns nur Triton. Er ist ein Mischwesen mit einem männlichen Oberkörper und Beinen in Form von Fischschwänzen. Häufig wird er mit einem großen Ruder dargestellt und bläst in ein Muschelhorn. So zeigt ihn ein Relief, das 1915 in der Jesuitenstraße gefunden wurde [Abb. 1]: Triton bewegt sich nach rechts und wendet dem Betrachter seinen Rücken zu. Das Ruder hält er mit der linken Hand. Dessen Blatt weist nach oben. Um den linken Arm liegt ein Mantel aus Seetang. Die ausgestreckte Rechte hält das lange Horn. Gut zu erkennen ist das linke Bein mit dem Fischschwanz. Leider sind das rechte Bein und der Kopf zerstört.

1
Trier, Jesuitenstraße.
Relief mit Triton.
Sandstein, H. 0,67 m; Br. 0,60 m.
RLM Trier, Inv. 1915,270.
(Espérandieu X 1928 Nr. 7594).

2
Neumagen.
Relief von Grabaltar mit Triton
(Ausschnitt).
Sandstein, Br. 0,83 m; H. 0,62 m.
RLM Trier, Inv. 10012.
(Massow 1932 Nr. 168c2).

Beliebtes Motiv auf Grabaltären aus Neumagen ist ein Reigen von Seetieren, die halb Fisch, halb Löwe, Panther, Hündin, Stier, Maultier oder Eber sind. Mit ihnen zusammen wird auch Triton dargestellt [Abb. 2].

Auf einem Mosaik vom Augustinerhof befindet sich Triton in den Ecken und trägt mit ausgestreckten Armen das große runde Mittelfeld [Abb. 3]. Von besonderer Schönheit ist die Darstellung seines muskulösen Oberkörpers und der Flossen am Übergang zum Fischschwanz. Wahrscheinlich war dem Betrachter weder bei den Darstellungen auf den Grabaltären noch auf dem Mosaik bewusst, dass es sich um einen Sohn des Gottes Poseidon (lat. Neptun) handelt.

Poseidon/Neptun und Medusa

Wie sein Bruder Zeus betrügt Poseidon seine Gattin, unter anderem mit der Medusa. Diese ist eine der drei Gorgonen, Töchter der alten Götter Phorkys und Keto. Ihre Schwestern heißen Euryale und Stheno. Nur Medusa ist sterblich. Nach einer Mythenversion ist sie wunderschön. Poseidon verliebt sich in sie. Als Athena zufällig die Vereinigung der beiden beobachtet, verwandelt sie Medusa aus Zorn in das hässliche Ungeheuer mit Fratze und Schlangenhaaren, das jeden versteinert, der es ansieht. Als der Zeussohn Perseus ihr den Kopf abschlagen soll, unterstützt die Göttin ihn dabei tatkräftig.

Da auch das abgeschlagene Haupt seine Wirkung nicht verliert, wird es häufig als unheilabwehrendes Motiv verwendet. Auf Mosaiken und Bronzebeschlägen ist es aber wohl eher dekorativ zu verstehen. So findet es sich in der Mitte des mit Ornamenten und Blüten geschmückten Mosaikbodens vom Konstantinplatz mit Schlangenhaaren und

4
Trier, Konstantinplatz.
Medusenmosaik.
Mosaiksteine, ca. 3,90 x 3,18 m
(Ausschnitt).
RLM Trier, EV 1983,111 (EV
1913,213 Nr. 95; 99).
(Hoffmann/Hupe/Goethert 1999
Nr. 76).

5
Trier, Johannisstraße, Mutterhaus.
Kopf der Gorgo Medusa.
Bronze, Dm. 6,3 cm.
RLM Trier, Inv. 1901,2.
(Religio Romana 1996 Nr. 50a).

6
Trier, Paulin (Vorort).
Lampe mit Pegasus.
Ton, L. 9,4 cm.
RLM Trier, Inv. 14581.
(Goethert-Polaschek 1985 Nr. 485).

Kopfflügeln [**Abb. 4**]. Fast wieder als schöne Frau mit ebenmäßigen Gesichtszügen wird Medusa auf einem Bronzebeschlag aus der Johannisstraße dargestellt [**Abb. 5**].

Aus der Vereinigung mit Poseidon gehen in dem Moment, als Perseus ihr den Kopf abschlägt, zwei Kinder hervor. Aus dem Hals der Medusa springen der Krieger Chrysaor und Pegasus. Das geflügelte Pferd findet sich als Mittelbild auf römischen Tonlampen, wie einem Exemplar aus Trier-Nord [**Abb. 6**].

7
Trier, Auf der Steinrausch.
Schale mit Kampf
zwischen Herkules und Antaeus.
Glas, Dm. 19 cm.
RLM Trier, Inv. 1956,8n.
(Goethert-Polaschek 1977 Nr. 67).

8
Hinzerath.
Ringstein mit Kampf
zwischen Herkules und Antaeus.
Karneol, H. 1,9 cm; Br. 1,3 cm.
RLM Trier, Inv. 1929,60b.
(Krug 1995 Nr. 79).

Poseidon/Neptun und Gaia

Mit seiner Großmutter Gaia zeugt Poseidon den Riesen Antaios (lat. Antaeus). Dieser zwingt Fremde zum Ringkampf. So auch Herakles/ Herkules. Der Kampf zwischen den Götterkindern dauert ewig, denn jedes Mal, wenn Antaeus die Erde berührt, gewinnt er durch seine Mutter (Gaia = die Erde) neue Kraft. Erst als Herkules ihn in die Luft hebt und die Berührung mit der Erde so verhindert, kann er ihn erwürgen.

Auf einer Glasschale, gefunden in einem reich ausgestatteten Grab des 4. Jahrhunderts in Trier-Süd, ist diese Szene dargestellt [Abb. 7]: Herkules ist durch seine Keule und das Löwenfell sicher zu identifizieren. Er hebt seinen Gegner hoch. Da Athena/Minerva Zeugin der Szene ist, hat wohl sie den Hinweis gegeben, wie der Riese besiegt werden kann. Bei der Zweifigurengruppe auf dem Karneol eines Goldringes aus Hinzerath hebt Herkules den Antaeus sogar noch höher über die Erde, als auf der Glasschale [Abb. 8].

Aphrodite/Venus und Ares/Mars

Aphrodite ist die Gattin des Schmiedes Hephaistos (lat. Vulcanus). Es erscheint ironisch, ausgerechnet die Göttin der Schönheit und Liebe mit dem hässlichsten der Götter und auch dem einzigen, der körperlich nicht vollkommen ist, zu vermählen. Die Ehe bleibt kinderlos. Natürlich betrügt Aphrodite Hephaistos, meistens mit Ares. Von den fünf gemeinsamen Kindern (Eros, Anteros, Harmonia, Phobos, Deimos) wird in unserem Gebiet nur der Flügelknabe Eros/Amor (oder Cupido) dargestellt, meist als kleines geflügeltes Kind. Mit Pfeil und Bogen schießt er auf Götter und Menschen, damit sich diese ineinander verlieben. Er ist die personifizierte Liebe.

Auf dem Apsismosaik aus einer Villa in Schweich schwimmt die nackte Venus in einer großen Muschel liegend nach rechts. Ihr Sohn Amor reicht ihr von unten links einen schön verzierten runden Spiegel [Abb. 9]. Bedauerlicherweise wurde die untere Partie dieses Mosaikbildes bei der Anlage moderner Gräber zerstört.

Zwei schöne Darstellungen des schlafenden Amor aus Marmor wurden in Trier gefunden [Abb. 10-11]. Bei beiden handelt es sich um Importe: der eine für die prachtvolle Ausstattung der sogenannten Barbarathermen, der andere für die dekorative Aufstellung in einem vornehmen Privathaus in der heutigen Liebfrauenstraße. In beiden Skulpturen liegt der kleine Gott völlig entspannt auf einem Löwenfell. Vor den Füßen der vollständiger erhaltenen Skulptur liegt eine Keule, eines der Attribute des Herkules. Die Flügel der Knaben sind ausgebreitet. Auf dem Rücken befindet sich beim Amor aus der Liebfrauenstraße der Köcher. Beide halten in den Händen Mohnkolben. Diese sind Attribute des Somnus, des Gottes des Schlafes. Zum Aspekt der Liebe tritt hier also noch der des Schlafes.

9
Schweich.
Mosaik mit Venus und Amor.
Mosaiksteine, 3,58 x 1,13 m.
RLM Trier, Inv. 1925,353.
(Hoffmann/Hupe/Goethert 1999 Nr. 215).

10
Trier, Barbarathermen.
Schlafender Eros oder Somnus-Amor.
Marmor, L. 0,39 m; Br. 0,29 m.
RLM Trier, Inv. 1909,793.
(Binsfeld/Goethert-Polaschek/ Schwinden 1988 Nr. 322).

11
Trier, Liebfrauenstraße.
Schlafender Eros oder Somnus-Amor.
Marmor, L. 0,725 m; gr. H. 0,20 m.
RLM Trier, Inv. 1922,123.
(Religio Romana 1996 Nr. 13c).

Kleine Terrakotten, die in Tempelbezirken in Trier, Altbachtal, Bäsch-Dhronecken und Gusenburg als Weihgeschenke gestiftet wurden, zeigen den kleinen nackten Liebesgott mit einem gleich großen, bekleideten Mädchen mit Flügeln [Abb. 12]. Es handelt sich um Psyche, obwohl diese eigentlich Schmetterlingsflügel haben sollte. Über die beiden Liebenden erzählt Apuleius (2. Jahrhundert n. Chr.) eine schöne Geschichte; sie hat keine Vorlage in der griechischen Mythologie:

Die Königstochter Psyche ist so schön, dass die Frauen ihrer Umgebung sie anstelle der Venus verehren. Diese ist eifersüchtig. Ihren Sohn Amor schickt sie aus, damit er dem ein Ende bereitet, indem er Psyche mit einem Dämon vermählt. Aber Amor verliebt sich in die Schöne und lässt sie vom Windgott Zephyros in sein Schloss entführen. Dort besucht er sie heimlich jede Nacht, aber im Dunkeln. Sie darf ihn nicht sehen. Ihre Schwestern überreden sie, sich den Geliebten anzusehen, um sich zu vergewissern, dass es sich nicht um ein Ungeheuer handelt. Daher nähert sie sich dem Schlafenden mit einer Lampe. Ein Tropfen heißes Öl fällt auf ihn herab. Amor erwacht und verlässt Psyche wegen der Übertretung seiner Anweisung.

Die wütende Venus findet Psyche und zwingt sie, gefährliche Aufgaben zu erfüllen. Bei der letzten öffnet sie ein Kästchen, das einen todesähnlichen Schlaf enthält. Amor rettet sie. Er bittet Zeus/Jupiter um Erlaubnis, die Geliebte zu heiraten. Dies wird gewährt. Durch einen Becher Ambrosia wird Psyche unsterblich.

Vermutlich war nicht diese Geschichte, sondern die liebevolle Umarmung des geflügelten Paares und der Kuss der Grund für die Beliebtheit des Motivs als Weihegeschenk.

Aphrodite/Venus und Dionysos/Bacchus

Auch mit Dionysos hat Aphrodite eine Liebesbeziehung. Ihr gemeinsamer Sohn heißt Priapos (lat.: Priapus). Er wird als Fruchtbarkeitsgott mit übergroßem, erigiertem Penis dargestellt. Auf dem Spiegel einer Tonlampe, gefunden in der Trierer Paulinstraße, fasst er sein kurzes Gewand mit beiden Händen [Abb. 13]. Wie Parallelen zeigen, dient

diese Haltung dazu, es zu schürzen, denn bei den kugeligen Gegen-
ständen vor dem Bauch handelt es sich um Früchte. Besonders schön
ist eine kleine Bronzestatuette aus der Mosel in Trierer Privatbesitz
[Abb. 14]: Priapus hüllt seinen Oberkörper und beide Arme fest in ein
Manteltuch, von dem ein Zipfel am linken Oberschenkel bis zu den
Knien herabhängt. Mit der linken Hand zieht er es so stramm nach
oben, dass sein unterer Rand oberhalb des erigierten Gliedes verläuft.
Er trägt einen langen Bart und eine Art Kappe auf dem Kopf. Trotz der
geringen Größe ist dieser fast edel, eher wie der eines Philosophen als
der eines Naturwesens. Ihm liegt ein hellenistisches Vorbild zugrunde,
das auch in anderen Darstellungen überliefert ist. Die kleine Statuette
könnte einer qualitätvollen Darstellung der Aphrodite/Venus in Bronze,
wie der aus Hinzerath [Teil I, Abb. 10], als Stütze gedient haben.

Aphrodite/Venus und Anchises

Auch mit einem sterblichen Mann hat Aphrodite einen Sohn: Anchises ist der König von Dardanos nahe Troja und ein Mitglied der
trojanischen Königsfamilie. Die Göttin verliebt sich in ihn und zeugt
mit ihm den Aineias (lat. Aeneas). Dieser kämpft an der Seite seiner
Verwandten gegen die Griechen. Aus dem brennenden Troja flieht
Aineias mit Anchises und seinem Sohn Askanios (lat. Ascanius oder
Julus). Einige vollständige Darstellungen der Szene sind überliefert
[Abb. 15]. Dadurch lässt sich auch ein Oberkörperbruchstück erklären,
das 1902 in Trier-Medard gefunden wurde [Abb. 16]. Man erkennt einen
Körperpanzer mit Laschen an den Ärmeln. Quer über den Panzer verläuft von der rechten Schulter aus nach unten ein Manteltuch. Die
Gewandfalten vor der linken Brustseite gehören zu einer weiteren,
viel kleineren Gestalt. Es ist Anchises, den Aeneas auf der Flucht auf
seiner Schulter trägt, da er gelähmt ist. Er ist schon sehr alt und wird
wohl deshalb recht klein dargestellt. Zur Gruppe gehörte der Knabe
Ascanius an der rechten Hand seines Vaters. Die Gattin Kreusa kommt
auf der Flucht um.

15
Acqui.
Grabaltar-Relief mit Aeneas,
Anchises und Askanios.
Turin, Museo Archeologico.
(LIMC I 1 [1981] 389
Nr. 115 s. v. Aineias [F. Canciani]).

16
Trier, Am Sandbach.
Aeneas mit Anchises.
Kalkstein, Br. 0,70 m; H. 0,58 m.
RLM Trier, Inv. 1902,18.
(Noelke 1976 Taf. 42,2).

Das weitere Schicksal überliefert die „Aeneis" des römischen Dichters Vergil (70-19 v. Chr.): Nach einer Irrfahrt erreicht Aeneas schließlich Italien und gründet die Stadt Lavinium. Ascanius/Julus gründet *Alba Longa*, sozusagen die Mutterstadt Roms. So legitimiert Rom seine Abstammung. Auf Julus – und damit auf die Göttin Venus – führt das Geschlecht der Julier, zu dem Julius Caesar gehört, seinen Stammbaum zurück.

Hermes/Mercurius und Aphrodite/Venus oder Dryope

17
Trier, Hohenzollernstraße.
Terra-sigillata-Schüssel mit Pan
(Ausschnitt). Ton.
RLM Trier, Inv. 1910,169a.
Unpubliziert.

Der Sohn von Hermes und Aphrodite ist Hermaphroditos. Von ihm haben wir leider keine Darstellungen. Nach einigen Quellen haben beide noch einen zweiten gemeinsam Sohn, nämlich den Hirtengott Pan. Häufiger wird dieser als Sohn des Hermes und der Dryope bezeichnet.

Pan wird in Trier in verschiedenen Denkmalgattungen dargestellt. Ein Bild auf einer Reliefsigillata-Schüssel aus Trier-Süd zeigt das göttliche Mischwesen mit dem Unterkörper eines Ziegenbocks, dem Ziegenbart und den Ziegenhörnern, die aus seiner Stirn erwachsen [Abb. 17]. So begegnet er uns auch auf einem Klappmessergriff aus Bein aus Dalheim in Luxemburg [Abb. 18]. Pan spielt hier die Syrinx. Ovid (43 v. Chr. - 17 n. Chr.) erzählt in seinem Werk „Metamorphosen", wie dieses Instrument entstand: Der lüsterne Gott stellt zahlreichen Nymphen und Hirtenknaben nach, so auch der schönen Syrinx. Diese flieht vor ihm. Als Pan sie am Fluss Ladon fast eingeholt hat, wird sie auf ihre Bitte hin von ihren Schwestern(?) verwandelt. Statt der Schönen hält er nun Schilfrohr im Arm. Durch seine Seufzer erzeugt dieses einen klagenden, aber lieblichen Ton. Um diesen immer bei sich zu haben, schneidet Pan Rohre in unterschiedlicher Länge ab und klebt sie mit Wachs zusammen. Das Instrument, die Panflöte, erhält den Namen Syrinx (griech. Rohr).

18
Dalheim, Luxemburg.
Pan als Messergriff.
Bein, H. noch 5,6 cm.
RLM Trier, Inv. 1898,18.
(Fries 2008 Nr. 11).

19
Trier, Pacelliufer.
Konsole mit Kopf des Pan.
Ton, H. 16 cm.
RLM Trier, Inv. 1933,509.
(Jahresbericht 1933 Taf. XXI 1).

Eine Tonkonsole, wohl als oberer Abschluss einer bemalten Wand, unter einem Stuckgesims angebracht, schmückt der Kopf des Pan, kenntlich an den leicht tierhaften Zügen, dem Ziegenbart und den Ziegenhörnern. Hergestellt wurde sie in den Töpfereien in Trier-Süd [Abb. 19].

Die schönste Darstellung des Pan aus Trier ist das Bruchstück eines Marmorkopfes aus dem Altbachtal [Abb. 20], gefunden in der Nähe der Artemis/Diana-Statue aus Marmor [Teil I, Abb. 8]. Der Kopf stammt von einer Marmorstatue hervorragender Qualität, die nach Trier importiert wurde. Deutlich zu erkennen sind die spitzen Ohren, das zottelige Haar und der Ziegenbart. Vermutlich gehörte der Kopf zu einer Gruppe mit dem Hirten Daphnis, dem Pan das Spiel auf der Syrinx beibringt. Es fällt schwer, sich ein solches Standbild in einem römischen Tempelbezirk vorzustellen.

Durch sein plötzliches Auftauchen löst Pan unter Herden und Menschen panischen Schrecken aus. Sein Erscheinen in der Schlacht gegen die Perser bei Marathon soll den Athenern den Sieg gebracht haben.

20
Trier, Altbachtal.
Kopf des Pan.
Marmor, H. 0,235 m.
RLM Trier, Inv. ST 13874.
(Breitner 2014 Abb. 12).

Apollon/Apollo und Koronis

Mit Koronis zeugt Apollon ein Kind. Doch sie schläft auch mit dem Königssohn Ischys. Apollon erfährt von ihrer Untreue. Entweder seine Schwester Artemis oder er selbst erschießt Koronis daraufhin mit einem Pfeil. Ähnlich wie beim ungeborenen Dionysos wird das

21
*Trier, zw. Johanniterufer und
Brückenstraße.*
Weihinschrift für Asclepius.
Kalkstein, Br. 1,72 m; H. 0,59 m.
RLM Trier, Inv. G I B 83
**(Sammlung der Gesellschaft für
Nützliche Forschungen).**
*(Binsfeld/Goethert-Polaschek/
Schwinden 1988 Nr. 26).*

Kind (von Apollon oder Hermes) aus dem Leib der Mutter geschnitten. Offensichtlich ist es schon lebensfähig, denn der kleine Asklepios/ Äskulap kann bald dem weisen Kentauren Chiron zur Erziehung übergeben werden. Dieser bildet ihn zum hervorragenden Arzt aus. Als er einen Toten zum Leben erweckt, tötet Zeus ihn mit einem Blitz. Dennoch wird er unter die Götter aufgenommen. Sein Haupttheiligtum befindet sich in Epidauros auf der Peloponnes.

In Trier und ganz Gallien sind Darstellungen des Heilgottes selten. Eine 1,72 m lange Inschrift wurde 1734 nahe der Römerbrücke gefunden [**Abb. 21**]. Wahrscheinlich befand sie sich am Sockel einer heute verschollenen Statue des Gottes. Die Fundstelle liegt in der Nähe des 1977 bis 1979 ausgegrabenen großen Tempels in einem heiligen Bezirk am Moselufer. Durch den Fund der Inschrift wird dieser aber nicht zu einem Tempel des Heilgottes. Vielmehr wird die Weihung in dem Hof des bereits existierenden Tempels im Zusammenhang mit einer Pestseuche nach 166 n. Chr. erfolgt sein. Die Inschrift lautet:

Deo Asclepio / T(itus) Iu(lius) Titi filius Fabia (tribu) / Saturninus procurator / Augustorum dono dedit.

Dem Gott Asclepius hat Titus Iulius Saturninus, Sohn des Titus, aus dem Bürgerbezirk Fabia, Finanzverwalter beider Kaiser (Marcus Aurelius und Lucius Verus), die Weihegabe gestiftet.

Titus Julius und seine Karriere sind aus anderen Inschriften bekannt. Dass er nicht die lateinische Namensform Aesculapius verwendet, hängt wohl mit seinen durch diese bezeugten Aufenthalte im Balkanraum zusammen.

Bei Vertiefungen der Fahrrinne der Mosel unterhalb der Römerbrücke wurde 1994 ein unterlebensgroßer bärtiger Kalksteinkopf gefunden [**Abb. 22**]. Durch die Lagerung über Jahrhunderte im Wasser ist die Oberfläche stark abgerieben. Die breite Binde um das Haupt gehört zu den Charakteristika des Heilgottes. Sicher hat der Kopf zu seiner Statuette gehört.

22
Trier, Mosel.
*Statuettenkopf des
Asklepios/Aesculapius.*
Kalkstein, H. 17 cm.
RLM Trier, EV 1994,259.
Unpubliziert.

Asklepios/Aesculapius und Epione

Asklepios hat mit Epione eine Tochter namens Hygieia. Unser Begriff Hygiene leitet sich von ihrem Namen ab. Dargestellt wird sie als junge Frau mit einer Schale in der Hand, aus der eine Schlange trinkt. Diese Schlange ist auch das Begleittier ihres Vaters. Wir kennen sie vom modernen Äskulapstab als Zeichen von Ärzten und Apothekern.

In Gallien wird Hygieia der einheimischen Göttin Sirona gleichgesetzt. Die schönste Darstellung wurde 1939 in Hochscheid im Hunsrück gefunden [Abb. 23]. Im dortigen Quellheiligtum wird sie gemeinsam mit ihrem Großvater Apollo verehrt [Abb. 24]. Die Kultbilder beider Götter standen nebeneinander in der Cella des Umgangstempels. Beide sind in hohem Relief vor einem oben geschwungenen Reliefgrund gearbeitet. Das des Apollo mit dem Greifen und der Lyra ist nur unvollständig in großen Bruchstücken gefunden worden. Bei Sirona fehlt glücklicherweise nur die Unterschenkelpartie. Sie ist als schöne junge Frau im langen Gewand dargestellt. Auf dem Kopf trägt sie ein Diadem. In der linken Hand hält sie eine flache Schale mit Eiern. Mit diesen füttert sie eine Schlange, die sich um ihren rechten Arm windet. Jeder Grieche hätte in dieser Darstellung Hygieia erkannt.

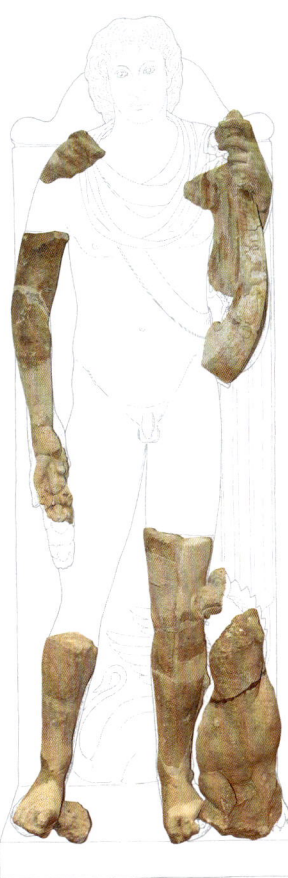

23
Hochscheid.
Hochrelief der Sirona.
Sandstein, H. ursprünglich ca. 1,70-1,80 m.
RLM Trier, Inv. 1939,149.
(Goethert 2020 Abb. 11-12).

24
Hochscheid.
Fragmente des Hochreliefs des Apollo.
Sandstein, H. ursprünglich ca. 1,70-1,80 m.
RLM Trier, Inv. 1939,151.
(Goethert 2020 Abb. 11).

Kalliope und Oiagros oder Apollon/Apollo

Die Muse Kalliope ist die Mutter des Orpheus. Als Vater wird der Fluss-
gott Oiagros genannt, aber auch Apollon, der Führer der neun Musen.
Orpheus ist ein begnadeter Sänger und Kitharaspieler. Sein Instrument
schenkte ihm Apollon. Durch sein Spiel befriedet er wilde Tiere, die
sich um ihn sammeln. Die Winde hören auf zu wehen und die Bäu-
me neigen sich ihm zu. Eine solche Szene zeigen zwei Negativformen
für Tonreliefs aus dem großen Töpfereigebiet im Süden von Trier, am
Pacelliufer [**Abb. 25-26**]. Der Sänger sitzt in der Mitte der Szene. Um ihn
herum haben sich die verschiedensten Tiere versammelt, Vögel in der
Luft und auf Bäumen, Fische und Wasservögel im Wasser, zahme Säu-
getiere aus allen Gegenden auf Standlinien hintereinander. Aber auch
Fabeltiere, wie ein Kentaur, eine Sphinx, ein Phönix und ein Greif,
sowie Löwen hören friedlich zu.

Thetis und Peleus

Einer der wichtigsten Helden vor Troja ist Achill. Er ist der Sohn der
Nereide (Tochter des Nereus) Thetis (nicht zu verwechseln mit der
Titanin Tethys) und des sterblichen Peleus. Da Achill ebenfalls sterblich ist, versucht seine Mutter, ihm die Unsterblichkeit zu verschaffen
und ihn unverwundbar zu machen. Mit diesem Ziel taucht sie den
Säugling in den Styx, den Fluss zur Unterwelt. Dabei hält sie ihn an
einer Ferse fest. Nur an dieser Stelle bleibt er verwundbar. Hier trifft
ihn vor Troja der tödliche Pfeil.

Ein bronzenes Pressblech aus Trier, Südallee [**Abb. 27**], und ein Bildfeld der Igeler Säule [**Abb. 28**] zeigen die gleiche Szene: Thetis steht
rechts im Bild mit nacktem Oberkörper und leicht vorgebeugt. Mit der
linken Hand hält sie den kleinen Achill am Beinchen, mit dem Kopf
nach unten. Beim Pressblech ist die untere rechte Ecke zerstört. Hier
waren die Wellen des Flusses Styx dargestellt, von denen zwischen
dem Kinderkopf und den Beinen der Mutter noch Reste zu erkennen

sind. Bei der Szene auf der Igeler Säule kommt eine weitere Gestalt hinzu – eine auf Felsgestein gelagerte Frauengestalt in der linken unteren Ecke, die zu Thetis aufblickt. Ein Gewand verhüllt nur ihren Unterkörper und die Beine. Mit der rechten Hand hält sie eine bauchige Vase. So werden Quell- und Flussgottheiten dargestellt. Es handelt sich also um die Göttin Styx.

Da Thetis weiß, dass Achill im Kampf um Troja sterben wird, versteckt sie ihren Sohn als Mädchen verkleidet unter den Töchtern des Lykomedes, des Königs von Skyros. Als es sich zeigt, dass die Griechen ohne Achill nicht gewinnen können, wird Odysseus ausgesandt, ihn zu holen. Bei Lykomedes trifft er nur junge Frauen an. Vor diesen breitet er Kleider, Schmuck und auch Waffen aus. Dann lässt er eine Kriegstrompete blasen. Sofort wirft Achill seine Frauenkleider von sich und greift zu den Waffen. Damit ist sein Schicksal besiegelt, und er muss nach Troja ziehen.

Diese Szene zeigt eine rechteckige Tonplatte aus dem Töpfereiviertel in Trier-Süd [Abb. 29]. Im Feld oben links sieht man Odysseus, rechts neben einem Gefährten, der Trompete bläst. In der Mitte ist Achill im Laufschritt nach rechts dargestellt. Kleider gleiten ihm vom

27
Trier, Südallee.
Pressblech mit Thetis und Achill.
Bronze, H. 5 cm; Br. 4 cm.
RLM Trier, EV 1986,55.
(Binsfeld 1989, 374 f. Abb. 4).

28
Igeler Säule.
Thetis und Achill.
(Zahn 1976, 16 Abb. 16).

29
Trier, Pacelliufer, Töpferei.
Relief, Achilleus bei den Töchtern des Lykomedes.
Ton, H. 19,7 cm; Br. 23 cm.
RLM Trier, Inv. 1933,508
FNr. 370; 432.
(Faust/Seewaldt/Weidner 2007 Nr. 12).

Körper, er ist schon fast nackt. Mit dem linken Arm hält er einen
ovalen Schild. Er wendet sich nach einer weiblichen Gestalt um, die
ihn festzuhalten versucht. Es ist Deidameia, die von ihm schwanger
ist. Vor ihm, in der rechten unteren Reliefecke, kniet ein Mädchen,
über diesem erkennt man ein weiteres. Verschiedene Gegenstände
sind durch die heftige Aktion des Achill auf den Boden gefallen.

Hyperion und Theia

Auf der Igeler Säule finden sich weitere Darstellungen von Götterkindern. Helios/Sol (die Sonne) und Selene/Luna (der Mond) sind die
Kinder der Titanen Hyperion und Theia. Sonnengott und Mondgöt-
tin schmücken zwei der Giebel des Grabmals. Beide sind auf ihren
Gespannen dargestellt, mit denen sie über den Himmel fahren [Abb.
30a-b]. Im Dreiecksfeld wurden diese so arrangiert, dass ihre frontal
angeordneten Büsten in der Mitte hinter den nach beiden Seiten weg-
sprengenden Tieren zu sehen sind. Sol trägt den Kranz aus Sonnen-
strahlen. Vier Pferde ziehen seinen Wagen. Das Attribut der Luna ist
die Mondsichel auf dem Haupt. Ihren Wagen ziehen zwei Pferde.

a   30   b   c

Igeler Säule.
a *Giebelrelief mit Sol
(Rückseite).*
b *Giebelrelief mit Luna
(Vorderseite).*
c *Giebelrelief mit Mars und
Rhea Silvia (Westgiebel).
(Zahn 1976, 26-27 Abb. 28; 18
Abb. 18; 35 Abb. 44).*

Ihre Schwester Eos/Aurora, die Morgenröte, und der Titan Astra-
ios sind die Eltern der Winde Boreas (Nordwind), Euros (Südostwind),
Notos (Südwind) und Zephyros (Westwind). Dargestellt sind die Köpfe
und Schultern dieser Winde ebenfalls auf der Igeler Säule, in den Zwi-
ckeln der Rückseite mit der Himmelfahrt des Herkules [Teil I, Abb. 28].
Sie haben Flügel im langen Haar; der Wind ist als Atemstoß vor ihren
Mündern zu sehen (leider schlecht erhalten).

Mars und Rhea Silvia

Nicht in die griechische, sondern in die römische Mythologie gehört
die Begegnung des Gottes Mars und der Rhea Silvia. Sie ist die Tochter
des Königs von *Alba Longa*, Numitor Silvius. Dessen Bruder Amulius
setzt ihn ab und tötet seine Söhne. Rhea Silvia macht er zur Vestalin.
Da diese Priesterinnen jungfräulich bleiben müssen, besteht seiner
Meinung nach keine Gefahr, dass ihre Kinder ihm den Thron streitig
machen können. Auf der Igeler Säule ist die Szene dargestellt, als der
Gott Mars die schlafende Frau an einer Quelle überrascht [Abb. 30c].
Er vergewaltigt sie. Romulus und Remus sind das Ergebnis dieser
Vereinigung.

Die Kinder werden in einem Weidenkorb auf dem Hochwasser führenden Tiber ausgesetzt. Als das Wasser zurückgeht, strandet das Körbchen. Eine Wölfin findet die schreienden Kinder. Sie frisst diese nicht, sondern säugt sie. Etwas später findet der Hirt Faustulus die Zwillingsbrüder und zieht sie mit seiner Frau zusammen groß. Als erwachsene Männer gelingt es ihnen, Amulius zu töten und den Großvater wiedereinzusetzen. Dieser gestattet ihnen, an der Stelle, an der ihr Körbchen

31
Trier, Feldstraße, Klinikum Mutterhaus der Borromäerinnen.
Aureus des Hadrian mit Lupa Romana.
Gold, Gew. 7,08 g.
RLM Trier, Inv. 1993,199 Nr. 2088.
(Gilles 2013 Nr. 2088).

32
Trier, Amphitheater.
Relief mit Lupa Romana.
Bronze, Dm. 3,2 cm.
RLM Trier, Inv. 123a = 1909,898.
(Menzel 1966 Nr. 324).

gelandet war, eine Stadt zu gründen. Romulus zieht eine Furche als Grenze der Stadt. Als Remus diese heilige Linie überspringt und verspottet, erschlägt Romulus ihn. Die Gründung der Stadt, die nach ihm den Namen Rom erhält, wird auf den 21. April 753 v. Chr. angesetzt.

Die Darstellung der säugenden Lupa Romana ist ein äußerst beliebtes Bildmotiv, da sie eine wichtige Szene des römischen Gründungsmythos wiedergibt. In der Sammlung des RLM Trier findet sie sich unter anderem auf 25 Goldmünzen des Hadrian, geprägt 125/128 n. Chr. in Rom [Abb. 31]. Sie sind Teil des 1993 auf dem Gelände des Klinikums Mutterhaus der Borromäerinnen gefundenen großen Goldmünzenschatzes. Im frühen 4. Jahrhundert ist ein Medaillon aus dünnem Bronzeblech entstanden, das die gleiche Szene vor einem Baum zeigt [Abb. 32].

Isis und Osiris/Serapis

Auch die Darstellung des Sohnes eines ägyptischen Götterpaares gehört zur Sammlung des RLM Trier.

Harpokrates (Horus das Kind) ist der Sohn des altägyptischen Gottes Osiris und seiner Gattin Isis. Osiris wird von seinem Bruder Seth getötet. Dieser zerstückelt den Leichnam und verstreut die Teile über das ganze Land. Isis, die Schwester der beiden und Gattin des Osiris, sammelt die Leichenteile auf und fügt sie wieder zusammen. Für einen kurzen Moment erweckt sie den auf einer Bahre Liegenden zum Leben und empfängt von ihm den Horus.

Unter Ptolemaios I., dem Nachfolger Alexander des Großen in Ägypten, wird eine Gottheit geschaffen, die ägyptische mit griechischen Wesenszügen verbindet. In ihr verschmelzen die griechischen Götter Zeus und Hades mit Osiris und dem Apis-Stier. Dieser neue Gott erhält den Namen Serapis. Er erscheint menschengestaltig. Verehrt wurde er mit seiner Gattin Isis im Serapeum, einem Tempel in der ptolemäischen Hauptstadt Alexandria. Der Kult der Dreiheit Serapis, Isis und Horus/Harpokrates verbreitet sich von dort aus über die hellenistische Welt und später über das Römische Reich.

33
Tawern, Metzenberg, Tempelbezirk.
Relief mit Isis und Serapis.
Kalkstein, H. 0,28 m; Br. 0,20 m.
RLM Trier, Inv. 1986,9 FNr. 603a.
(Fundstücke 2009 Nr. 40).

Aus dem Tempelbezirk von Tawern, Metzenberg, stammt ein Relief des Götterpaares [Abb. 33]: Isis steht zur Rechten ihres Gatten, mit dem für sie typischen Eimer in der linken Hand. Serapis, im geschürzten, knielangen Gewand mit auf der rechten Schulter gefibeltem Mantel, hält in seiner Linken einen Speer, in der Rechten eine Schale mit Früchten. Sein typisches Attribut ist der Modius, das runde Maßgefäß auf seinem Kopf.

Eine kleine Darstellung des Harpokrates, verwendet als Anhänger oder Ohrring, zeigt ihn als kleines Kind mit dickem Bäuchlein [Abb. 34]. Er trägt die Attribute zahlreicher Gottheiten, darunter auf dem Kopf die ägyptische Federkrone. Typisch für ihn ist die Geste der rechten Hand, die mit dem ausgestreckten Zeigefinger zum Schweigen auffordert.

34
Trier, Mosel bei der Römerbrücke.
Anhänger mit Harpokrates.
Silber, H. 3,5 cm.
RLM Trier, Inv. 1999,9.
(Faust 2019 Abb. 23).

Die Verhältnisse in der antiken Götterwelt sind verwirrend, aber auch spannend. Hier konnte nur ein kleiner Ausschnitt dargestellt werden. Vieles ist vereinfacht, und einiges musste weglassen werden. Doch die Darstellungen aus der *Augusta Treverorum* und ihrer Umgebung lassen die mythologischen Gestalten für uns lebendig werden.

Teil I dieses Beitrags mit dem Untertitel „Zeus/Jupiter und seine Nachkommen"
erschien in Funde und Ausgrabungen 52, 2020, 15-34.

Literatur

W. Binsfeld, Bronzen und Münzen von der Saarstraße in Trier. Trierer Zeitschrift 52,
1989, 369-375. – W. Binsfeld/K. Goethert-Polaschek/L. Schwinden, Katalog der römischen
Steindenkmäler des Rheinischen Landesmuseums Trier I. Götter- und Weihedenkmäler
(Mainz 1988). – G. Breitner, Die Skulpturenausstattung einer römischen Stadt am Beispiel von Trier. In: Ein Traum von Rom. Stadtleben im römischen Deutschland (Darmstadt 2014) 124-133. – E. Espérandieu, Recueil général des bas-reliefs, statues et bustes
de la Gaule romaine X (Paris 1928). – S. Faust, Figürliche Bronzen und Gegenstände aus
anderen Metallen aus Stadt und Regierungsbezirk Trier in Privatbesitz. Trierer Zeitschrift 57, 1994, 283-313. – S. Faust, Eine Fülle an Füllhörnern. Das römische Doppel-
füllhorn aus Morscheid, Kreis Trier-Saarburg, und weitere Füllhörner aus Trier und Umgebung. Funde und Ausgrabungen im Bezirk Trier 51, 2019, 7-20. – S. Faust/P. Seewaldt/
M. Weidner, Erotische Kunstwerke im Rheinischen Landesmuseum Trier. Funde und
Ausgrabungen im Bezirk Trier 39, 2007, 39-59. – A. Fries, Figürliche Klappmessergriffe
aus Bein im Rheinischen Landesmuseum Trier. Funde und Ausgrabungen im Bezirk
Trier 40, 2008, 24-36. – Fundstücke. Von der Urgeschichte bis zur Neuzeit. Schriftenreihe
des Rheinischen Landesmuseums Trier 36 (Trier 2009). – K.-J. Gilles, Der römische Gold-
münzenschatz aus der Feldstraße in Trier. Trierer Zeitschrift, Beiheft 34 (Trier 2013).
– K.-P. Goethert, Griechische Kunst in gallo-römischem Gewand. Die Kultbilder aus dem
Tempel bei Hochscheid, Kreis Bernkastel-Wittlich. Funde und Ausgrabungen im Bezirk
Trier 52, 2020, 35-43. – K. Goethert-Polaschek, Katalog der römischen Gläser des Rheinischen Landesmuseums Trier. Trierer Grabungen und Forschungen 9 (Mainz 1977). – K.
Goethert-Polaschek, Katalog der römischen Lampen des Rheinischen Landesmuseums
Trier. Bildlampen und Sonderformen. Trierer Grabungen und Forschungen 15 (Mainz
1985). – P. Hoffmann/J. Hupe/K. Goethert, Katalog der römischen Mosaike aus Trier und
dem Umland. Auf der Grundlage einer Zusammenstellung und mit Zeichnungen von
Lambert Dahm. Trierer Grabungen und Forschungen 16 (Trier 1999). – H. Hunger, Lexikon der griechischen und römischen Mythologie (Hamburg 1974). – Jahresbericht
1933. Trierer Zeitschrift 9, 1934, 135-180. – A. Krug, Römische Gemmen im Rheinischen
Landesmuseum Trier. Schriftenreihe des Rheinischen Landesmuseums Trier 10 (Trier
1995). – W. v. Massow, Die Gräbmäler von Neumagen (Berlin 1932). – H. Menzel, Die
römischen Bronzen aus Deutschland II. Trier (Mainz 1966). – P. Noelke, Aeneasdarstel-
lungen in der römischen Plastik der Rheinzone. Germania 54, 1976, 409-439. – Religio
Romana. Wege zu den Göttern im antiken Trier. Hrsg. von H. P. Kuhnen. Schriftenreihe
des Rheinischen Landesmuseums Trier 12 (Trier 1996). – M. Weidner, Matrizen und
Patrizen aus dem römischen Trier. Untersuchungen zu einteiligen keramischen Werk-
stattformen. Trierer Zeitschrift, Beiheft 32 (Trier 2009). – E. Zahn, Die Igeler Säule bei
Trier. Rheinische Kunststätten 38 ⁴(Neuss 1976).

Abkürzung

LIMC   Lexikon iconographicum mythologiae classicae I-VIII (Zürich 1981-1997).

Abbildungsnachweis
Abb. 1 K.-U. Mahler, RLM Trier, Digitalfoto.
Abb. 2-13; 16-27; 29; 31-34 Th. Zühmer, RLM Trier, Digitalfotos.
Abb. 15 nach: LIMC I 2 (1981) 304 Nr. 115.
Abb. 28; 30 L. Dahm, RLM Trier.

Ulrike Ehmig

M(onsieur) Leo, Moselländer:
Zu Amphorenstempeln aus Mülheim-Kärlich und Dieulouard

Römische Amphoren finden in Deutschland noch immer nur zögerlich das ihnen gebührende vertiefte und systematische wissenschaftliche Interesse. In ganz besonderem Maße gilt dies für Exemplare, die nicht aus dem Mittelmeerraum stammen, sondern regional beziehungsweise lokal hergestellt wurden und verbreitet waren. Sie entsprechen weder der klassischen Definition von Amphoren als Produktverpackungen fernverhandelter Güter, noch sind sie Gebrauchskeramik im Sinne von Gefäßen verschiedener Funktionen im Lebensalltag einer breiten antiken Bevölkerung. Vielmehr werden regionale und lokal produzierte Amphoren bei Materialstudien zum römischen Deutschland, wenn überhaupt, nur randlich in den Blick genommen. Während mediterrane Amphoren anhand von Form und Scherbenbeschaffenheit optisch sehr verlässlich Produktionsräumen und Verwendungen zugeordnet werden können, gelingt dies bei regionalen und lokalen Produktionen kaum. Hinweise darauf, wo diese Amphoren gefertigt wurden, welchen Verbreitungsradius sie hatten und wozu sie gebraucht wurden, sind oft nur durch den Einsatz geochemisch-analytischer Verfahren zu gewinnen. Entsprechende Analysen haben bisher an obergermanischen Imitationen südspanischer Ölamphoren verschiedener Fundorte stattgefunden (Ehmig 2001; 2003, 133-178; 2004; 2007, 57-84). Ferner wurde die Scherbenbeschaffenheit regionaler flachbodiger Amphoren in Xanten, Kreis Wesel, anhand von Mikroskop-Aufnahmen beschrieben (Carreras Montfort u. a. 2018, 148-166). Ebenso wurden die sogenannten Scheldt-Valley-Amphoren makroskopisch wie röntgendiffraktometrisch charakterisiert (Schmitz 2014a; 2014b). Im Blick auf die Amphorenfunde in Kempten wurde die Problematik, lokal gefertigte und von Ferne gelieferte Gefäße zu unterscheiden, betont (Schimmer 2009, 67).

Stempel, Aufschriften und Ritzungen, die für Amphoren aus dem Mittelmeergebiet primäre und typische Indizien für Herkunft, Verwendung und Nutzer sind, finden sich bei regionalen und lokalen Exemplaren nur selten. Umso wichtiger sind entsprechende Beobachtungen insbesondere von Stempeln im Hinblick auf die Verbreitung bestimmter Fabrikate.

Von zwei ersten Arbeiten aus den 1990er Jahren abgesehen, fehlen systematische Studien zu entsprechenden Funden bislang fast völlig: 1992 und nochmals in größerem Rahmen 1998 hat sich Juliette Baudoux mit der Produktion von Amphoren im Osten und Norden der gallischen Provinzen auseinandergesetzt. Sie hat Typen definiert, Tonbeschaffenheiten beschrieben und epigraphische Merkmale dokumentiert. Neben Imitationen südspanischer Ölamphoren, Dressel 20 similis beziehungsweise von der frankophonen Forschung Gauloise 14 genannt, standen vor allem großformatige, kugelige Behälter mit flachem Standboden im Vordergrund. Die dabei betrachteten Produktions- und Verbreitungsräume liegen insbesondere in den Gebieten von Lothringen, Elsass, Pfalz und Baden-Württemberg, ergänzt durch Beobachtungen aus dem Limeshinterland nördlich des Mains (Baudoux 1992. – Baudoux u. a. 1998).

Mit dem nachfolgend vorgestellten gestempelten Henkel soll exemplarisch die Verbreitung entsprechender Behälter beleuchtet und zugleich der Wert privaten Interesses und Engagements bei ihrer Aufnahme herausgestellt werden. Der Finder Hans-Ulrich Uehlecke hatte den Amphorenhenkel 1983 aus abgeschobenem und deponiertem Ackerboden in Mülheim-Kärlich, Kreis Mayen-Koblenz, aufgelesen. Zu Ort und Zeit machte er folgende nähere Angaben: Nahe der Jungenstraße war 1983 im Ortsteil „Depot" im Zuge einer Bimsgewinnung auf rund 5 000 m² Oberboden abgeschoben und dieser nahe der Autobahn A48 aufgeschüttet worden. Die unbefugt begonnenen Arbeiten kamen zum Stillstand, als in der teilweise bis zu 2 m tiefen Grube Mauerreste zutage traten. Die sich anschließenden Ausgrabungen der Außenstelle Koblenz des damaligen Landesamtes für Denkmalpflege legten die Überreste einer sogenannten *villa rustica* bei Mülheim-Kärlich frei. Zu dieser 5 km nordwestlich der Mündung der Mosel in den Rhein gelegenen Anlage sind bisher nur überblicksartige Kurzberichte erschienen (Gogräfe 2007, 69 Anm. 1). Der architektonische Befund ist in einer Breite von 37 m und einer Tiefe von 15,5 m erhalten und wird mit ca. doppelter Ausdehnung rekonstruiert. Geborgen wurde Fundmaterial des 1. bis 3. Jahrhunderts n. Chr. mit einem Schwerpunkt in der späteren Phase (Wegner 1990, 486-487). Bis dato systematisch bearbeitet und vorgelegt ist einzig die Wand- und Deckenmalerei samt architektonischem Kontext des Bade- und Wohntraktes. Sie erlaubt differenziertere Datierungen von Raumgestaltungen und Umbauphasen im frühen und mittleren 2. Jahrhundert n. Chr. (Gogräfe 1997; 2007).

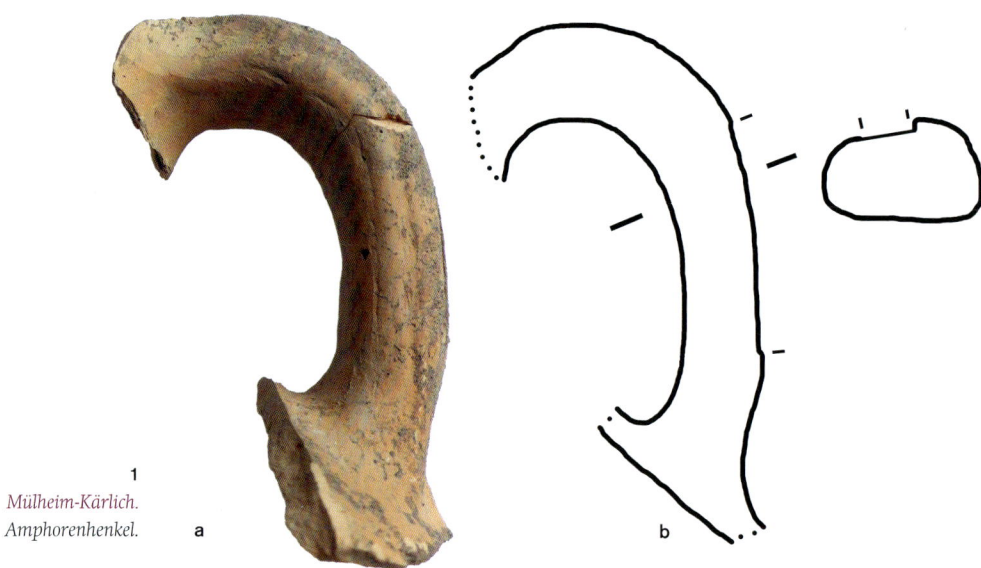

1
Mülheim-Kärlich.
Amphorenhenkel.   **a**   **b**

Den hier interessierenden Amphorenhenkel hat der Finder, neben weiterer Scherben, auf dem abseits der Grabungen aufgeschütteten Aushub aufgelesen. Laut eigenen Angaben wollte er den Henkel seinerzeit den vor Ort tätigen Archäologen übergeben. Diese aber überließen ihn dem Finder, da das Stück – durch Baggereinsatz aus dem Kontext gerissen und relativ weit vom Grabungsort mit anderem Erdreich vermischt abgelagert – im Vergleich zu den vielen aus der Grabung geborgenen Scherben kaum mehr aussagekräftig sei.

Es handelt sich um einen im Querschnitt breitovalen, stark gebogenen Henkel einer in ihrer Tonfarbe beige-orangen Amphore [**Abb. 1**]. Er trägt auf der Oberseite in der unteren Hälfte den 4,7 x 1,2 cm großen Stempel M∘LEO [**Abb. 2**]. Das E ist in Form zweier paralleler Hasten geschrieben – ein übliches Phänomen in kursiven Inschriften, vergleichsweise selten jedoch bei Stempeln.

Der Fund gehört nicht in die Kategorie der mediterranen Amphoren, sondern ist Teil eines mit kugeligem Körper und flachem Standboden zu ergänzenden Behälters aus einer bislang nicht lokalisierten Produktion im Nordosten der gallisch-germanischen Provinzen. Von Interesse ist das Stück aufgrund seines Stempels, zu dem bis dato lediglich eine Parallele bekannt ist: Aus der römischen Siedlung Scarponne (Sanson 2012, 329), heute Dieulouard, Dép. Meurthe-et-Moselle, ca. 20 km nordwestlich von Nancy, kommt aus einem archäologischen Kontext des späten 2. Jahrhundert n. Chr. das Oberteil einer entsprechenden Amphore mit gleichlautender, womöglich stempelgleicher Kennzeichnung auf dem Henkel (Baudoux 1992, 64-65 Abb. 6,2. – Baudoux u. a. 1998, 26 Abb. 14).

a

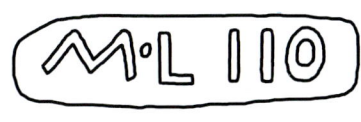

b

2
Mülheim-Kärlich.
Amphorenstempel.

Zu verstehen ist der Stempel am ehesten im Sinne einer Namenskombination aus einem auf den Anfangsbuchstaben M abgekürzten Nomen gentile und einem Leo- anlautenden Cognomen. Eine Auflösung *m(anu) Leo(- - -)* kommt dagegen nicht in Betracht, da *m(anu)* dem Namen des Produzenten stets nachgestellt ist. Stellvertretend seien dazu folgende Inschriften genannt: CIL XIII 10010,49 – *Aestivi m(anu)*; 454 – *Carati m(anu)*; 1092 – *Iusti m(anu)*; 1266 – *Marcelli m(anu)*; 1620 – *Reguli m(anu)*. Die nachgestellte Position von *m(anu)* ist trotz unterschiedlicher Verbreitungsschwerpunkte dieser Stempel stets gleich. Auch eine Verbindung des hier vorgestellten Stempels mit CIL XIII 10010,1133 *Leo fecit* beziehungsweise *Leo fec(it)* ist nicht evident.

Durch das Bemühen des Finders, den gestempelten Henkel in der Fachwelt bekannt zu machen, ist im Hinblick auf eine der nord-ost-gallischen Amphorenproduktionen erstmals ein genauerer Anhaltspunkt für ihre Verbreitung zu gewinnen. Mit dem vorgestellten Stück liegt aus dem Kontext der *villa rustica* von Mülheim-Kärlich eine zweite Amphore mit dem Stempel M○LEO vor. Die Fundorte beider Exemplare, Dieulouard und Mülheim-Kärlich, sind über die Mosel direkt miteinander verbunden, wenngleich bei heutigem Flussverlauf 340 km voneinander entfernt. Behälter aus der Produktion „M. Leo" und ihr Inhalt – die Frage nach der Nutzung der Behälter muss weiterhin offenbleiben – sind als moselländische Regionalerzeugnisse zu definieren. Regionalität in der Lebensmittelerzeugung und -verhandlung wird auch heute nicht eindeutig bezeichnet. Neben unterschiedlich weit gefassten Vertriebsradien spielen Sprachräume und vor allem landschaftlich bedingte Kleinstrukturen eine entscheidende Rolle. Vor diesem Hintergrund ist auch ein Flusstal wie jenes der über 500 km langen Mosel als ‚Region' aufzufassen.

Hans-Ulrich Uehlecke, Essen, gilt mein Dank für den ertragreichen und vertrauensvollen Austausch sowie die kurzfristige Überlassung des Henkels zum Zweck der zeichnerischen Dokumentation, ebenso Dr. Patrick Jung, Kurator am Ruhr-Museum, für die freundliche Vermittlung des Kontaktes Mitte Juli 2021.

Literatur

J. Baudoux, Production d'amphores dans l'Est de la Gaule. In: Les amphores en Gaule 1. Production et circulation. Hrsg. von F. Laubenheimer (Paris 1992) 59-69. – J. Baudoux u. a., La production des amphores dans l'Est et le Nord des Gaules. Typologie et caractérisation physico-chimique. In: Les amphores en Gaules 2. Production et circulation. Hrsg. von F. Laubenheimer (Paris 1998) 11-48. – C. Carreras Montfort u. a., Producción local: las ánforas germanas. In: Colonia Ulpia Traiana (Xanten) y el mediterráneo. El comercio de alimentos. Hrsg. von J. Remesal Rodríguez. Collecció Instrumenta 63 (Barcelona 2018) 143-169. – U. Ehmig, Die Amphoren vom Kastell Kleiner Feldberg. Mit einem Beitrag von J. Dolata. Gestempelte Ziegel als Referenzmaterial für Rheinzabern und Worms. Saalburg-Jahrbuch 51, 2001, 37-78. – U. Ehmig, Die römischen Amphoren aus Mainz. Frankfurter archäologische Schriften 4 (Möhnesee 2003). – U. Ehmig, Ähnliches ist nicht dasselbe. Röntgenfluoreszenzanalysen an Amphoren des Typs Dressel 20 similis aus Walheim. In: K. Kortüm/J. Lauber, Walheim I. Das Kastell II und die nachfolgende Besiedlung. Forschungen und Berichte zur Vor- und Frühgeschichte in Baden-Württemberg 95 (Stuttgart 2004) 516-525. – U. Ehmig, Die römischen Amphoren im Umland von Mainz. Frankfurter archäologische Schriften 5 (Wiesbaden 2007). – R. Gogräfe, Die Geburt der Venus – eine Malerei aus der Villa rustica „Im Depot" bei Mülheim-Kärlich. Berichte zur Archäologie an Mittelrhein und Mosel 5. Trierer Zeitschrift, Beiheft 23 (Trier 1997) 247-275. – R. Gogräfe, Wand- und Deckenmalereien aus der villa rustica von Mülheim-Kärlich, Kreis Mayen-Koblenz. Berichte zur Archäologie an Mittelrhein und Mosel 12 (Koblenz 2007) 69-205. – L. Sanson, L'appartenance de Scarponne-Dieulouard (Meurthe-et-Moselle) à la cité des Médiomatriques. Réexamen des sources, nouvelle interprétation. Revue archéologique de l'Est 61, 2012, 329-336. – F. Schimmer, Amphoren aus Cambodunum/Kempten. Ein Beitrag zur Handelsgeschichte der römischen Provinz Raetia. Münchner Beiträge zur provinzialrömischen Archäologie 1 (Wiesbaden 2009). – S. D. Schmitz, Nordgallische Produkte für Niedergermanien. Das Beispiel der Scheldt-Valley-Amphoren. Marburger Beiträge zur antiken Handels-, Wirtschafts- und Sozialgeschichte 31, 2013, 121-151. – S. D. Schmitz, Scheldt-Valley-Amphoren aus der Colonia Ulpia Traiana. In: Römische Keramik in Niedergermanien. Produktion – Handel – Gebrauch. Beiträge zur Tagung der Rei Cretariae Romanae Fautores, 21.-26. September 2014, LVR-Römermuseum im Archäologischen Park Xanten. Hrsg. von B. Liesen. Xantener Berichte 27 (Darmstadt 2014) 317-363. – H.-H. Wegner, Mülheim-Kärlich MYK, Gutshöfe. In: Die Römer in Rheinland-Pfalz. Hrsg. von H. Cüppers (Stuttgart 1990) 486-487.

Abkürzung

CIL   Corpus inscriptionum Latinarum I ff. (Berlin 1863 ff.).

Abbildungsnachweis

Abb. 1a; 2a H.-U. Uehlecke, Essen.
Abb. 1b; 2b Verfasserin.

Papyri aus dem Wüstensand: Patrick Reinard

Zur Ausrüstung römischer Wagenlenker in Trier und Oxyrhynchos

Dieser Beitrag ist ein Versuch, papyrologische und archäologische Quellen in einem Vergleich zusammenzuführen. Im Fokus sollen hier zwei fast wortgleiche griechische Papyrusbriefe des Wagenlenkers Xenos an seinen Trainer mit dem Namen Amm[…] stehen [Abb. 1].

Publiziert wurden sie im Jahr 1966 (Oxyrhynchos Papyri, Nr. 2598a-b). In den Forschungen zu den römischen Circusspielen wurden die Texte bisher kaum beachtet; zum Beispiel wurde Xenos nicht in die prosopographische Auflistung der Wagenlenker aufgenommen, die Gerhard Horsmann in seiner sozialgeschichtlich orientierten Studie zu den Rennfahrern der Kaiserzeit vorgelegt hat (Horsmann 1998). Zudem blieben archäologische Vergleichsquellen in der papyrologischen Forschung bisher unberücksichtigt.

Beide Briefe, die aufgrund paläographischer Kriterien im 3./4. Jahrhundert n. Chr. entstanden sein müssen (Harrauer 2010, II 174-175 Abb. 171-172), wurden gemeinsam, ineinander gefaltet, in Oxyrhynchos (Ägypten) gefunden. Am Inhalt bemerkenswert ist die Nennung verschiedener Wagenlenkerutensilien. Zunächst sollen die Texte übersetzt wiedergegeben werden; eine sprachliche Kommentierung wurde an anderer Stelle vorgenommen (Reinard 2020, 223-229). Anschließend erfolgt eine Betrachtung der Realien, die man mit bildlichen Darstellungen archäologischer Denkmäler aus dem Trierer Land vergleichen kann. Dieser Vergleich hilft hinsichtlich des Verständnisses der in den Briefen genannten Utensilien weiter, denn griechische Fachausdrücke können durch Bildquellen inhaltlich besser erfasst werden. Die ikonographische Evidenz bietet die Möglichkeit, sich ein Bild der Ausrüstung eines Rennfahrers zu machen und damit den Wortlaut der Papyri besser zu verstehen. Abgeschlossen wird die Studie mit einigen kurzen Überlegungen zum weiteren Kontext der Wagenrennen, wie er durch papyrologische Quellen überliefert ist. Diese ermöglichen Einblicke in die Welt des Wagenrennens, wie sie in ganz ähnlicher Weise auch für das Trierer Circusleben anzunehmen ist.

1
Oxyrhynchos.
Zwei Papyrusbriefe des Wagen-
lenkers Xenos an seinen Trainer.
Oxford, Ashmolean Museum,
Sackler Library, P.Oxy. 31/2598a-b.

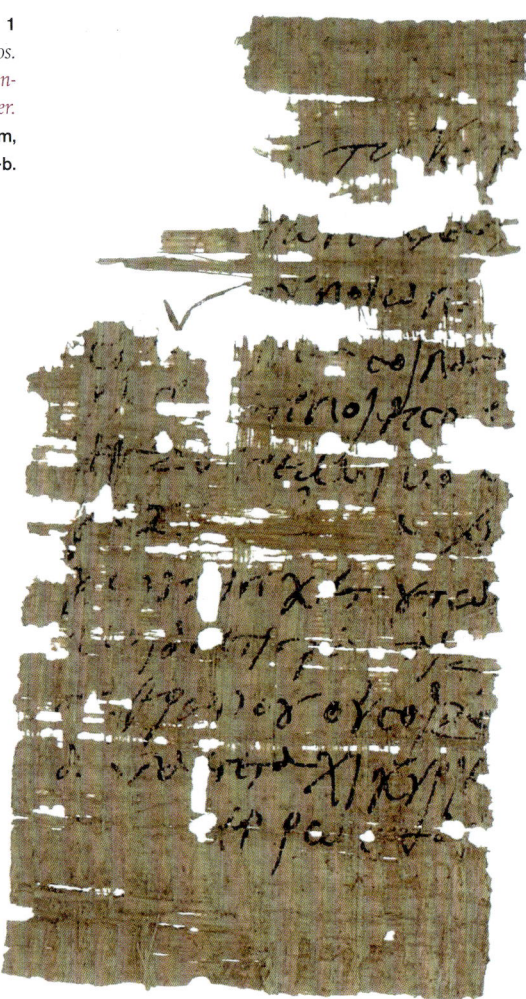

a

b

Papyrusbriefe des Wagenlenkers Xenos

„Xenos grüßt vielmals den Herrn Ammon(?), den Hochgeehrten. Ich leiste Fürbitte für Dich vor dem Herrn Souchos und bete immerzu für Dein Wohlergehen. Mit allem Einsatz […] gib mir ein Paar Brustbinden (μαμυλιώνων) und ein Paar Phaskien (φασχιδία) aus Filz und eine Mütze (πιλίον) und teile mir schriftlich den Preis dieser Dinge durch eine vertrauenswürdige Person mit; nicht soll es Dir scheinen […], sondern beeile Dich, Herr […]. Ich bete für Dein Wohlergehen."

„Xenos, Wagenlenker, grüßt Ammon(?), Trainer (oder: den Hochgeehrten). Ich leiste Fürbitte für Dich vor dem Herrn Souchos und bete immerzu für Dein Wohlergehen. Mit allem Einsatz schicke mir ein Paar Brustbinden (μαμυλιώνων) und eine Mütze und ein Paar Phaskien (φασχιδία) aus Filz und teile mir schriftlich die Preise dieser Dinge durch eine vertrauenswürdige Person mit, damit ich dieser das Geld bar aushändigen kann. […] Ich bete für Dein Wohlergehen.

(Rückseite:) Von Xenos, Wagenlenker, an Ammon(?), Trainer. Ich habe zweimal geschrieben."

Papyri und ikonographische Quellen: Trierer Zirkusdenkmäler als Vergleichsquelle

Was genau hat man sich unter dem Wort μαμυλιώνων *(mamyliōnōn)* vorzustellen? Eine Lesung μαμυλιωνίων ist auszuschließen, da weder am Ende der vierten noch am Beginn der fünften Zeile hinreichend Platz und auch keine entsprechend zwingenden Tintenreste für ein Iota vorhanden sind. Das Wort steht im Genitiv Plural und dürfte im Nominativ wohl μαμυλιώνα *(mamyliōna)* lauten. In Papyri, Inschriften und literarischen Quellen ist das Wort ansonsten nicht bezeugt. Im Zeilenkommentar der Erstedition wird eine Verbindung zum lateinischen *mamillaris* (Brusttuch) vorgeschlagen (ThLL VIII 245 f.). Dieses Wort ist verwandt mit *mamilla* (Busenbinde, Büstenhalter) beziehungsweise mit *mamma* (Brust, Mutterbrust, Euter) und μάμμη (Mutter, Mutterbrust) (LSJ 1078. – ThLL VIII 246. – Pape 1954, 91. – Frisk 1970, 168 f. – Walde/Hofmann 1954, 21).

Einen bildlichen Eindruck einer solchen Busenbinde bietet eine Bronzestatuette aus dem Vicus *Belginum* [**Abb. 2**] (Haffner u. a. 1989, 30 f. Abb. 14. – Massow 1940). Martial betitelt ein kurzes Epigramm mit dem Wort *mamillare* (14,66): *Taurino poteras pectus constringere tergo / Nam pellis mammas non capit ista tuas* – „Mit Stierhaut könntest du die Brust umschnüren / denn dieses Leder hier fasst deine Brüste nicht". Die Wortbedeutung wird hier deutlich, wichtig ist aber auch die Detailinformation, dass man sich ein *mamillare* aus Leder *(taurino tergo, pellis)* vorzustellen hat. Das ist wohl auch für die Binden im Brief des Xenos anzunehmen. Die φασχιδία *(phaschidia)* bezeichnet er explizit als „aus Filz", bei den Binden fehlt hingegen ein Attribut. Man darf annehmen, dass für die Briefpartner völlig klar war, aus welchem Material *mamyliōna* gewesen sind. Vermutlich konnte man sie, anders als bei den *phaschidia*, bei denen Xenos die materielle Beschaffenheit konkretisieren muss, nur aus Leder herstellen.

2
Hinzerath (Vicus Belginum). Bronzestatuette mit sog. Busenbinde.
RLM Trier, Inv. 1935,107.

3
Trier.
Glasfragment mit Darstellung
zweier Wagenlenker
bei einem Circusrennen.
RLM Trier, Inv. 914.

Geht man davon aus, dass der Bezug von *mamyliōna* zu *mamillare* zutreffend ist, steht zu fragen, was der Wagenlenker mit solchen ledernen Brustbinden angefangen haben könnte. Die bildliche Überlieferung hilft hier weiter: Als Erstes darf man das Fragment eines Glasbechers oder einer Glasschüssel nennen, das in einem römischen Wohnhaus südlich der Kaiserthermen in Trier entdeckt wurde [Abb. 3] (Goethert-Polaschek 1977, 38 Nr. 104; 1984 Nr. 83. – Hoffmann 1999, 56 Abb. 70. – Heinen 2002, 280 Abb. 99. – Goethert 2007, 348 Abb. 4 Nr. I.17.49. – Köhne 2009 Nr. 51. – Martini 2013, 260; 421). Es präsentiert eine realistische Circusszene: Zwei Wagenlenker steuern vor Zuschauern, die in Logen zu sehen sind, ihre Gespanne um die *metae*, die Wendemarken der Rennbahn, die mit drei großen Kegeln markiert und durch eine Tür begehbar sind. Getrennt sind beide Wagengespanne durch die *spina*, die mittlere Trennmauer. Neben den Kegeln stehen auf der *spina* auch eine Statue eines Satyrs und ein weiteres Monument; die *spina* war stets mit beeindruckenden Kunstwerken und Monumenten wie Obelisken geschmückt (Tertullian, De spectaculis 8,3-5). Beide Wagenlenker schwingen eine Peitsche mit der rechten Hand und halten in der linken die Zügel, die zudem um die Hüfte herumgeführt sind. Ihr Oberkörper scheint zur Gänze von den Schultern abwärts durch diagonal zur Körpermitte zulaufende Binden geschützt zu sein. Eine senkrecht herablaufende Binde in der Körpermitte diente als Fixierung, wie dies zum Beispiel bei der berühmten Statue eines Wagenlenkers aus dem Vatikanischen Museum zu sehen ist (Letzner 2009, 78-80 Abb. 53. – Junkelmann 2008, 143 Abb. 141. – Horsmann 1998, 127. – Schöne 1903).

Anzuführen ist hier auch das Trierer Polydus-Mosaik (Hoffmann/ Hupe/Goethert 1999, 168-169 Nr. 161), das 1962 in einem unter den Kaiserthermen gelegenen Peristylhaus entdeckt wurde [Abb. 4]. Es datiert in die Mitte des 3. Jahrhunderts n. Chr. Der in der Mosaikinschrift benannte Polydus trägt eine langärmelige rote Tunika, was auf seine Zugehörigkeit zur roten Rennfahrerpartei verweist, sowie um Körper und Arme geschnürte Binden. Die Farbunterschiedlichkeit fällt auf; an den Armen sind sie blau, am Oberkörper blau-weiß. Die eng geschnürten Binden sollten bei Stürzen Schutz bieten. Ein senkrechter, der Fixierung dienlicher Streifen ist nicht ersichtlich; dafür jedoch Binden, die von den Schultern diagonal zur Körpermitte laufen. Es muss bedacht werden, dass die Darstellung des Wagenlenkers im Bereich seines Bauches modern ergänzt wurde, jedoch kann an der bildlichen Gestaltung grundsätzlich kein Zweifel bestehen (Dahm/Wihr 1966). Auch Polydus hält in der linken Hand die Zügel, in der rechten eine Peitsche. Allerdings scheinen die Zügel nicht um seine Hüften geführt zu sein, was damit zu erklären ist, dass er hier bei der Siegesparade und nicht, wie seine Kollegen in der Szene auf dem Glasfragment, während des Rennens präsentiert wird.

4
*Trier, Haus unter
den Kaiserthermen.*
Polydus-Mosaik.
RLM Trier, Inv. 1962,412.

5
Trier, Weberbach.
Rennfahrer-Mosaik.
RLM Trier, Inv. 1996,3.

a

b

6
Neumagen.
Circusdenkmal,
Vorderseite links und rechts.
RLM Trier, Inv. 119; 10014a-b.

Als ein Vergleich kann auch auf das sogenannte Rennfahrer-Mosaik verwiesen werden, das 1895 im Innenhof des Rheinischen Landesmuseums Trier gefunden wurde [Abb. 5] (CIL XIII 3711. – Dunbabin 1982 Nr. 26. – Goethert/Goethert-Polaschek 1979, 78-80 Abb. 10. – Horsmann 1998, 209-210; 222; 265; 292 Nr. 62; 88; 154; 201. – Hoffmann/Hupe/Goethert 1999, 142-143 Nr. 108. – Hoffmann 1999, 56 Abb. 71. – Martini 2013, 255-256; 419). Es stammt ebenfalls aus dem 3. Jahrhundert n. Chr. In den vier Bildfeldern, die jeweils den Wagenlenker mit seinem Gespann und dem Namen des Leitpferdes vorstellen, ist an Körper und Armen der Lenker nach den Zeichnungen von Lambert Dahm ebenfalls von enganliegenden Binden auszugehen.

Anzuführen sind schließlich auch Reliefdarstellungen, die an den Risaliten des sogenannten Neumagener Circusdenkmals erhalten geblieben sind [Abb. 6] (Hettner 1903, 13. – Massow 1932 Nr. 182. – Martini 2013, 252; 417). Hier werden zwei Männer dargestellt, die jeweils ein Rennpferd an Zügeln führen. Sie tragen „einen kurzen Ärmelrock mit Leibbinde, enge Hosen und niedrige Stiefel mit breitem Rand" (Martini 2013, 252). Als ein drittes Beispiel kann ein Relief auf einem Grabmal aus Trier-Ehrang angeführt werden, in dem ein frontal stehender Mann dargestellt ist, dessen Kleidung mit der auf dem Circusdenkmal identisch ist (Krüger 1931. – Martini 2013, 253; 417-418). Auch wenn die Binden in diesen drei Reliefbildern im Vergleich zu der Darstellung des Polydus und der Szene auf dem Glasfragment deutlich niedriger sitzen und nur über den Bauch, nicht aber über den Brustbereich zu laufen scheinen, und ferner das Gewand im Brustbereich sehr offen und weit ausfällt, sind die Dargestellten doch grundsätzlich als Wagenlenker zu deuten. Auffällig ist, dass die Tunika des Mannes in dem Relief aus Trier-Ehrang im Unterschied zu den Reliefs des Circusdenkmals und dem Polydus-Mosaik nicht über lange Ärmel zu verfügen scheint. Für eine Anbringung der Armbinden ist ein langärmliges Untergewand natürlich zweckdienlich.

a   b

7
Trier, Amphitheater.
Kontorniat mit Darstellung
des Wagenlenkers Porphyrius.
a *Vorderseite.* **b** *Rückseite.*
RLM Trier, Inv. 1909,864.

Als weiteres Bildmedium darf ein eingelegter Kontorniat aus dem 4. Jahrhundert n. Chr., gefunden im Trierer Amphitheater, zum Vergleich herangezogen werden [**Abb. 7**] (Binsfeld 1984, 195-196 Nr. 81p. – Heinen 2002, 273-274 Abb. 168. – Fontaine 2000, 165-166 Abb. 10. – Goethert 2007, 348-349 Abb. 6 Nr. I.17.51. – Gilles 2009 Nr. 67). Auf beiden Seiten wird ein Wagenlenker namens Porphyrius dargestellt. Auf der Vorderseite steht er zwischen zwei mit Palmzweigen – den Siegesinsignien erfolgreicher Rennfahrer – gefüllten Behältern, auf der Rückseite ist er in dem Wagen frontal mit seinem Viergespann abgebildet. Jeweils fällt die Gestaltung des Oberkörpers auf, die an die Darstellung von Binden über einer Tunika erinnert. Hier ist wieder ein senkrechter Streifen zu erkennen.

a   b

8
Trier.
Kontorniat mit Darstellung
eines Wagenlenkers mit
Bindenbandagen.
a *Vorderseite.* **b** *Rückseite.*
RLM Trier, Inv. 5 5,209.

Wagenlenker waren ein durchaus beliebtes Thema für Kontorniatmotive. Aus Trier sind fünf weitere Beispiele für (geschnittene) Kontorniate zu nennen, die ebenfalls Bindenbandagen am Oberkörper zeigen [**Abb. 8**]; die senkrechte Binde auf der Brust ist sehr gut zu sehen (Binsfeld 1984, 193-196 Nr. 81i-n. – Martini 2013, 259; 419-420). Auch zeigen sie deutlich, dass die Wagenlenker kurze Hosen trugen; der Einsatz von Bandagen an den Beinen ist ebenfalls durch ikonographische Quellen bezeugt (Junkelmann 2000, 98).

Als ein letztes Bilddenkmal aus Trier ist ein Spielstein aus dem 4. Jahrhundert n. Chr. zu nennen, der in der Walramsneustraße entdeckt wurde (Binsfeld 1984, 196 Nr. 82. – Fontaine 2000, 166 Abb. 11. – Goethert 2007, 349 Abb. 8 Nr. I.17.58). Er wurde aus Knochen hergestellt und diente wahrscheinlich für ein Circusbrettspiel, dessen Inhalt und Regeln nicht überliefert sind (Pfahl 2000, 18. – Bös 1995/56). Als Motiv zeigt er perspektivisch einen siegreichen Wagenlenker nach rechts, der einen Palmzweig in der linken Hand hält. Auf dem Oberkörper und an den Armen sind durch parallele Ritzungen Binden dargestellt. Bemerkenswert ist dabei, dass diese von Schulter bis Hüfte diagonal verlaufen und sich überkreuzen, was ansatzweise an die Darstellung auf dem Glasfragment erinnert.

Der kurze Überblick über die wichtigsten Trierer Wagenlenker-Darstellungen zeigt auf, dass die Kleidung während des Rennens nicht immer einheitlich wiedergegeben wird. Kleine Unterschiede etwa bezüglich der gelegentlich dargestellten senkrechten, der Fixierung dienenden Binde oder bezüglich der nur über den Bauch und nicht über den Brustbereich reichenden Binden sind zu nennen. Zieht man weitere Denkmäler des 3./4. Jahrhunderts n. Chr. aus anderen Regionen des Reiches zurate, erhöht sich im Detail eine gewisse Varianz der Bekleidung, doch die Gemeinsamkeiten, die man in dem Einsatz von Lederbinden zu sehen hat, überwiegen. In der medizinischen Fachliteratur der Kaiserzeit – zum Beispiel bei Galen (De fasciis 2, 106) oder Soranos (De fasciis 38-40) – sind drei verschiedene Arten der Wagenlenker-Schutzkleidung beziehungsweise entsprechender Bandagen bekannt. Diesen Quellen zufolge wurden immer gedrehte Binden angelegt, mit dem Ziel, den Oberkörper zu stabilisieren und bei Unfällen zu schützen (Horsmann 1998, 179. – Schöne 1903).

Auch Wolfram Letzner betont regionale Unterschiede der Wagenlenker-Bekleidung und spricht unter Bezugnahme auf Mosaike aus *Thugga* (Tunesien) und Piazza Armerina (Sizilien) etwa von einer korsettartigen Schnürung ohne Binden (Letzner 2009, 80. – Junkelmann 2008, 118; 123 Abb. 114; 124). Allerdings ist die Verwendung des Terminus „Korsett" in der Forschung zu den Wagenlenkern nicht ganz einheitlich. Die beiden angesprochenen Szenen aus *Thugga* und Piazza Armerina zeigen eindeutig ein Unterkleid, das dicht am Körper anliegt und auf der Vorderseite mit Schnüren fixiert ist, weshalb der Terminus hier passend erscheint. Als „Korsett aus Lederriemen" wird aber beispielsweise auch die Bandage aus Binden bezeichnet, die bei der Darstellung von vier Wagenlenkern auf einem Mosaik aus Baccano (Italien) zu erkennen ist (Junkelmann 2008, 132 Abb. 129); sie entspricht weitestgehend der Darstellung des Polydus. Auch die Bezeichnung „Riemenkorsett" wird für die Bindenbandagen am Oberkörper gebraucht (Junkelmann 2000, 98).

Es ist nicht gänzlich ausgeschlossen, dass mit *mamyliōna* auch ein korsettartiges Unterkleid gemeint sein könnte. Die erläuterte Wortbedeutung und die anzunehmende Nähe zu dem lateinischen *mamillare* sprechen aber eher für lederne Binden. Trotz Variationen in der Darstellung kann man sicher sagen, dass der Einsatz von Lederriemen beziehungsweise -binden für römische Wagenlenker weit verbreitet und einheitlich war. Dies verdeutlicht der Fund einer Malerei auf einem spätantiken ägyptischen Papyrusblatt. Das einzigartige Fragment wurde 1914 in Antinoë gefunden (Gąsiorowski 1931). Es zeigt sechs nebeneinanderstehende, in unterschiedliche Richtungen blickende Wagenlenker, die durch die Farbe ihrer Kleidung verschiedenen *factiones* zuzuordnen sind. Soweit dies aufgrund des fragmentarischen Erhaltungszustandes zu erkennen ist, sind sie in einer einheitlichen Kleidung dargestellt. Neben einer Kappe tragen sie über einem langärmeligen Untergewand eine mit schwarzer Farbe wiedergegebene, über die Schultern ragende Schutzkleidung mit horizontal übereinanderliegenden Binden; diese reichen über Bauch und unteren Brustbereich und sind in der Körpermitte verschnürt. Die Darstellung erinnert an Polydus oder die Wagenlenker auf dem Trierer Glasfragment.

Wir können mit Verweis auf diese ‚Einheitlichkeit‘ der Wagenlenker-Ausrüstung mit einiger Wahrscheinlichkeit davon ausgehen, dass Xenos mit *mamyliōna* Lederbinden gemeint hat, die über den Oberkörper als Teil seiner Kleidung während der Rennen angelegt wurden.

Neben dem Schutz des Rennfahrers bei Unfällen dürften die Binden eine weitere Funktion gehabt haben: Da die Zügel um den Körper gelegt worden sind, wie die Szene auf dem Trierer Glasfragment, aber auch andere Circusszenen überliefern, zum Beispiel ein Elfenbeindiptychon des 5. Jahrhunderts n. Chr. aus Brescia in Italien (Junkelmann 2008, 95-96 Abb. 94. – Dunbabin 1982), muss es zu einer ständigen Reibung am Körper des Wagenlenkers gekommen sein. Der Wagenlenker musste in den Linkskurven – die Rennen erfolgten gegen den Uhrzeigersinn – häufig sein Körpergewicht in die Zügel legen, wie es etwa Ovid beschreibt (Amores 3,2), wodurch Spannung und Reibung des Materials entstanden; er musste dieser Zugkraft standhalten. Auch hier bot die enge Lederbandage Schutz vor Verletzungen. Vielleicht erklärt sich dadurch, warum die *mamyliona* in den Briefen eindeutig nicht als „aus Filz" bezeichnet werden.

Die von Xenos angeforderten *phaschidia* aus Filz sind ebenfalls als Binden zu deuten. Der Unterschied zu den *mamyliōna* besteht vermutlich im Material sowie der Anbringungsstelle. Eventuell ist hier zwischen den Binden am Oberkörper und denen an den Armen zu differenzieren. Die aus Filz hergestellten *phaschidia* könnten für die Arme oder Beine bestimmt gewesen sein, was eventuell eine bessere Bewegungsfähigkeit gegenüber ledernen Binden erlaubt haben könnte.

Ist die unterschiedliche Farbe der Oberkörper- und Armbindungen im Polydus-Mosaik auf diese Differenzierung zurückzuführen? Die Mütze, die aus Filz gewesen sein könnte, ist ebenso wie die Armbänder in blauer Farbe gestaltet.

Neben der Sturzgefahr wird in der antiken Literatur geschildert, dass für die Wagenlenker das Risiko bestand, aufgrund der um die Hüften geführten Zügel über den Circusboden geschleift oder gar von einem Wagenrad getroffen zu werden (Plinius, Naturalis historia 28, 237. – Sueton, Nero 22,1). Die *phaschidia* an Armen und Beinen dürften in solchen Fällen Schutz vor Abschürfungen geboten oder Prellungen gemindert haben.

Nicht auszuschließen ist auch eine Verwendung entsprechender Bänder zum Schutz der Pferde. Im Polydus-Mosaik sind zumindest die beiden äußeren Tiere mit Bandagen an den Beinen versehen (Martini 2013, 254). Ein weiteres, allerdings nur schlecht erhaltenes Mosaik aus dem Areal der Kaiserthermen, das 1919 unter der alten Gervasiuskirche ausgegraben wurde, zeigt in zwei fragmentarischen Bildfeldern Bandagen an den Vorderbeinen der Renner (Dunbabin 1982 Nr. 27. – Horsmann 1998, 303 Nr. 217. – Hoffmann/Hupe/Goethert 1999, 167-168 Nr. 160. – Hoffmann 1999, 57 Abb. 72. – Martini 2013, 256; 419); dieses Mosaik wird in die erste Hälfte des 3. Jahrhunderts n. Chr. datiert.

Auch die von Xenos angeforderte Mütze beziehungsweise Kappe (*pilion*) lässt sich in den Trierer Bildquellen wiedererkennen. Sowohl Polydus und Porphyrius als auch die auf dem Glasfragment und dem Spielstein dargestellten Wagenlenker tragen eine Mütze, die unterhalb des Kinns fixiert ist. Sie reicht über die Ohren, scheint Stirn und Nacken jeweils durch einen Schirm zu bedecken; dieser könnte gegen aufgewirbelten Sand geschützt haben. Auch das fragmentarisch erhaltene Mittelbild des Circusdenkmals aus Neumagen zeigt den mit einer Kappe bedeckten Kopf eines Wagenlenkers; auch hier sieht man eine Art Schirm, der als Nackenschutz zu verstehen ist (Martini 2013, 253). Ob solche Kopfbedeckungen aus Filz oder aus Leder waren, kann nicht abschließend bestimmt werden. Das Wort *pilion* deutet – aufgrund der etymologischen Verwandtschaft mit *pilos* – auf Ersteres hin. Papyrologische Belege für das Wort sind allerdings relativ selten, in einem Brief aus Didymoi aus dem 1. Jahrhundert n. Chr. (O.Did. 370) bittet zum Beispiel ein Soldat, wohl ein Mitglied einer Reitereinheit, um die Zusendung einer solchen Mütze, ohne dass wir hier Genaueres über das Material erfahren.

Dass Xenos die drei Utensilien aus der Ferne bei dem ‚Trainer‘ Amm[on(?) kaufen möchte, ist wenig verwunderlich. Bestellen und Transferieren von Waren mittels Brief und Boten entspricht einem ganz üblichen ökonomischen Verhalten, das in zahlreichen Papyrusbriefen, aber auch zum Beispiel in Briefen aus *Vindolanda* (Militärlager am Hadrianswall) nachweisbar ist. Im vorliegenden Fall dürfte Xenos sich an seinen Trainer gewandt haben, da er in einem gewissen Vertrauensverhältnis zu ihm gestanden hat. Zumindest müssen sie häufig schriftlichen Kontakt gehabt haben, denn es wird vorausgesetzt, dass der Adressat den genauen Aufenthaltsort des Absenders kennt. Außerdem erbittet Xenos nicht einfach nur Preisinformationen, ein ganz übliches Briefthema (Drexhage 1988. – Reinard 2016, II 773-945), sondern ist bereit, das Geld an einen vertrauenswürdigen Boten des Adressaten auszuzahlen. Anscheinend kann er die Preise der angeforderten Utensilien einschätzen, was ebenfalls für einen regen Austausch zwischen den beiden Briefpartnern spricht; auch die Tatsache, dass er ankündigt, genügend Bargeld zur Verfügung zu haben, könnte indirekt sein Wissen um die Preise andeuten. Wirtschaftsgeschichtlich sind die Briefe des Xenos noch dahingehend interessant, dass wir darüber informiert werden, dass ein ‚Trainer‘ offensichtlich Handel mit Ausrüstungsteilen für Wagenlenker betrieben hat.

Papyrologische Quellen aus Oxyrhynchos liefern weitere interessante Informationen über Ausrüstung und Vorbereitung im Wagenrennsport. Eine lange Liste von Zahlungen aus dem späten 3. Jahrhundert n. Chr. (P.Oxy. 17/2144 = SelPap. 1/190. – Johnson 1936 Nr. 308) enthält zwei relevante Einträge: „durch Sarapammon [wurden] als Preis für 1 Unze makedonischer Petersilie für die Nahrung der Rennpferde 800 Drachmen [gezahlt]“ (Z. 3-5) und „an Zoilos aus meinem Haus ebenso [ausgezahlt] für ¼ Minen Zimmermannskleber für Räder der Pferderennen 152 Drachmen“ (Z. 24-26). Die Preise für Petersilie und Holzkleber sollten hier nicht verallgemeinert werden, vermutlich sind sie aufgrund der im letzten Drittel des 3. Jahrhunderts n. Chr. in Ägypten deutlich nachweisbaren Preisinflation sehr erhöht (Drexhage 1987). Aufschlussreich ist der Papyrus dennoch, da er zum einen den Einsatz von Steinpetersilie als Arzneimittel(?) im Rennsport zeigt und zudem dafür sensibilisiert, dass unterschiedlichste Produkte und Materialien erforderlich waren, um Pferde und Wagen einsatzbereit zu halten. Ebenfalls auf den Erwerb von Arzneimitteln, in diesem Fall ein durch Einreiben verabreichtes Mittel für Rennpferde, verweist der Kontext eines spätantiken Quittungsdokumentes: „für den Preis eines erworbenen Einreibemittels, das benötigt wurde für die Pferde des öffentlichen Zirkus aus der Partei der Grünen […]“ (P.Oxy. 1/145 = SPP 3/279 Z. 1-2); das Dokument stammt aus dem Jahr 522 n. Chr. (BL VIII 233).

Akteure im Umfeld der Wagenrennen

Die Überlieferung aus Ägypten bietet neben Belegen für Realien, die ein Rennfahrer für die Ausübung seines Sports verwendet hat, Hinweise auf verschiedene Personen, die mit den Wagenrennen verbunden waren. Es sei hier gestattet, auf einige Ostraka (beschriebene Scherben von Tongefäßen) aus Oxyrhynchos zu verweisen, die aus einem ca. fünf Monate umfassenden Zeitraum (24. Dezember bis 1. April) in einem unbekannten Jahr des 4. Jahrhunderts n. Chr. stammen und Zahlungen an mehrere Personen festhalten, die in verschiedenen Funktionen an der Durchführung von Wagenrennen beteiligt waren (Shelton 1988 = O.Ashm.Shelton). Bei den Texten handelt es sich um Anweisungen, die von einem gewissen Cyracus beziehungsweise Cyriacus an einen Mann namens Theon übermittelt werden. Theon wird als *pronoetes* bezeichnet (O.Ashm.Shelton 144; 154. – Decker 2012, 180-183). Beide Männer kann man vielleicht zu dem Stab eines Prokurators zählen, der für die Durchführung der Circusspiele in Oxyrhynchos verantwortlich war.

Aus den Ostraka kennen wir folgende spezialisierte Akteure aus der Welt des Rennsports (Junkelmann 2000, 104-105): einen ‚Rennwagenbauer' beziehungsweise ‚Mechaniker' (O.Ashm.Shelton 119; 130; 136. – Ruffing 2008, II 426), die ‚Stall-/Pferdeburschen' (O.Ashm.Shelton 84; 87-88; 91) oder die *aphetai*, die beim Bedienen der Startboxen die schwierige Aufgabe übernahmen, einen zeitgleichen Start für alle Teilnehmer eines Rennens zu gewährleisten (O.Ashm.Shelton 85; 89; 93. – P.Oxy. 1/152 = SPP 3/285); vielleicht waren sie auch für die Rundenzählung verantwortlich. Belegt ist ferner die Tätigkeit von ‚Pferdeführer' (O.Ashm.Shelton 172; 177; 183). Neben den Wagenlenkern traten Personen auf, die als *hippodioktes* bezeichnet werden (O.Ashm.Shelton 93; 97; 108). Ihre Aufgabe ist nicht sicher überliefert. Sie könnten in einem Jagd- oder Verfolgungsspiel im Circus angetreten sein. Ein Kontorniat aus Trier zeigt auf der Vorderseite einen Reiter zu Pferd mit zwei Waffen, der einen Hasen jagt (Binsfeld 1984, 195-196 Nr. 81o. – Martini 2013, 420). Eventuell handelt es sich hierbei um die Darstellung eines *hippodioktes*. Eine Verbindung zu den *desultores*, die eine Art von Kunstreiten vorführten, oder zu den *hortatores* beziehungsweise *iubilatores*, die als eine Art Teampartner einem Wagengespann vorausritten, wäre vorstellbar (Junkelmann 2000, 104-105).

Ebenfalls überliefert sind ‚Gehilfen der Rennfahrer' (O.Ashm.Shelton 147; 165; 182), deren genauer Aufgabenbereich nicht sicher zu bestimmen ist, aber vielleicht ebenfalls mit *hortatores* beziehungsweise *iubilatores* in Verbindung gebracht werden kann. Auch der Einsatz von Pferdeärzten ist belegt (O.Ashm.Shelton 83; 131; 144). Dokumentiert sind zudem einfache ‚Gehilfen' (O.Ashm.Shelton 129; 139; 155). Die allgemeine Bezeichnung deutet darauf hin, dass diese Männer für unterschiedliche Aufgaben in der Organisation der Rennen eingesetzt wurden. Papyri aus Oxyrhynchos runden die Informationen über das Personal und ihre Aufgaben während der Spiele ab. So nennt etwa eine Abrechnungsurkunde aus dem 2./3. Jahrhundert n. Chr. ‚Schiedsrichter', ‚Flötenspieler' und ‚Wassersprenger', die vermutlich die Tiere, das Publikum oder die Rennbahn zum Schutz vor Staubwolken benetzten (P.Oxy. 7/1050. – Decker 2012, 154-157 Nr. 43).

Der Befund aus Oxyrhynchos ist in vergleichbarer Form auch für Trier und für jede andere Stadt, in der Wagenrennen veranstaltet wurden, anzunehmen. Auch in der Moselmetropole traf man im Umfeld der Circusspiele neben den Wagenlenkern und ihren Trainern gewiss auf Tierärzte, Wagenbauer, Schiedsrichter oder Gehilfen, die für unterschiedliche Aufgaben während der Renntage zuständig waren.

Der Wagenlenker Xenos könnte unter Umständen auch in den Ostraka aus Oxyrhynchos zu fassen sein. Sowohl die Ostraka (4. Jahrhundert n. Chr.) als auch die beiden Briefe (3./4. Jahrhundert n. Chr.) sind nur paläographisch datierbar, könnten also durchaus in eine gemeinsame Zeitspanne gehören. Ein Ostrakon (O.Ashm.Shelton 160) enthält folgenden Text:

„Cyracus grüßt Theon. Gib Xenos, dem Wagenlenker, drei Knidia Wein, 3 Knidia, vom 28. Tag des Monats Mecheir bis zum 30. Tag (= 22./23.-24/25. Febr.). Cyracus."

Dass neben dem oben genannten Wagenlenker ein weiterer Xenos in der annähernd gleichen Zeit am gleichen Ort ebenfalls der gleichen, eher seltenen Tätigkeit eines professionellen ‚Rennfahrers' nachging, mutet sehr unwahrscheinlich an.

Ist vielleicht auch der Briefpartner des Xenos in den Ostraka erwähnt? Unter den auf Amm- anlautenden Namen, die in den Ostraka aus Oxyrhynchos ersichtlich sind und einen Bezug zu den Wagenrennen aufweisen, ist nur der Name Ἄμμων belegt. In einem Text wird die Ausgabe von Wein an einen Stallburschen namens Ammon für eine fünftägige Tätigkeit dokumentiert (O.Ashm.Shelton 159). Eine andere Quelle belegt für weitere fünf Tage die Ausgabe von einem Keramion Wein an einen Ammon (O.Ashm.Shelton 166); sehr wahrscheinlich ist dieselbe Person gemeint. Außerdem erscheint in einem weiteren Text ein Ammon, der als *hippodioktes* aufgetreten ist (O.Ashm.Shelton 180). Könnten diese Personen mit dem ‚Trainer' Amm[identisch sein [Abb. 1]? Die Tatsache, dass ein Ammon als Stallbursche beziehungsweise als *hippodioktes* und nicht als Trainer belegt ist, muss nicht unbedingt gegen eine Personengleichheit sprechen. Auf mehreren Ostraka aus Oxyrhynchos ist zu lesen, dass Trainer verschiedene Tätigkeiten gleichzeitig ausüben: So ist ein Demetrios belegt, der als Trainer und *aphetes* arbeitete (O.Ashm.Shelton 102). Auch Stallburschen haben gelegentlich weitere Funktionen und Aufgaben übernommen (O.Ashm. Shelton 93; 108; 112; 145). Zudem werden auf manchen Quittungen verschiedene Trainer, Stallburschen und andere mehr gemeinsam genannt. Vermutlich erhielten sie gleichzeitig ihre Bezahlung, was auf eine enge Zusammenarbeit hindeuten könnte (O.Ashm.Shelton 107; 155; 172). Auch die lateinischen Quellen legen nahe, dass Personen verschiedene Tätigkeiten im Zusammenhang mit den Wagenrennen ausgeübt haben: Zum Beispiel wird der Rennfahrer M. Aurelius Liber als *magistro et socio domino et agitatori* der grünen Partei geehrt (CIL VI 10058 = ILS 5296. – Horsmann 1998, 243-246 Nr. 119).

Vor diesem Hintergrund erscheint es nicht abwegig, den Wagenlenker Xenos und den Trainer Amm[on(?) in den besagten Ostraka aus Oxyrhynchos wiederzuerkennen; im Fall von Xenos dürfte dies sogar sehr wahrscheinlich sein.

Literatur

Abkürzungen der papyrologischen Editionen und Hilfsmittel nach:
Checklist of editions of Greek, Latin, Demotic, and Coptic papyri, ostraca, and tablets (https://papyri.info/docs/checklist [07.12.2021]).

W. Binsfeld, Kontorniaten aus Trier. In: Trier – Kaiserresidenz und Bischofssitz. Die Stadt in spätantiker und frühchristlicher Zeit (Mainz 1984) 193-196. – M. Bös, Spielsteine als Rennpferde. Bonner Jahrbücher 155/156, 1955/56, 178-183. – M. Bös, Nochmals „Spielsteine als Rennpferde". Bonner Jahrbücher 155/156, 1955/56, 317. – L. Dahm/R. Wihr, Bergung, Konservierung und Restaurierung des Trierer Polydus-Mosaiks. Trierer Zeitschrift 29, 1966, 227-235. – W. Decker, Sport am Nil. Texte aus drei Jahrtausenden ägyptischer Geschichte (Hildesheim 2012). – Didymoi – une garnison romaine dans le désert oriental d'Egypte 2. Les textes. Hrsg. von H. Cuvigny. Fouilles de l'Institut Français d'Archéologie Orientale du Caire 67 (Kairo 2012). – H.-J. Drexhage, Zur Preisentwicklung im römischen Ägypten von ca. 260 n. Chr. bis zum Regierungsantritt Diokletians. Münstersche Beiträge zur antiken Wirtschaftsgeschichte 6, 1987, H. 2, 30-45. – H.-J. Drexhage, … scimus, quam varia sunt pretia rerum per singulas civitates regionesque … Zu den Preisvariationen im römischen Ägypten. Münstersche Beiträge zur antiken Wirtschaftsgeschichte 7, 1988, H. 2, 1-11. – K. M. D. Dunbabin, The victorious charioteer on mosaics and related monuments. American journal of archaeology 86, 1982, 65-89. – Th. Fontaine, Zirkusspaß und Folterqualen. Staatliche Macht über Leben und Tod. In: Morituri. Menschenopfer, Todgeweihte, Strafgerichte. Schriftenreihe des Rheinischen Landesmuseums Trier 17 (Trier 2000) 157-166. – H. Frisk, Griechisches etymologisches Wörterbuch II (Heidelberg 1970). – S. J. Gąsiorowski, A fragment of a Greek illustrated papyrus from Antinoë. Journal of Egyptian archaeology 17, 1931, 1-9. – K.-J. Gilles, Kontorniat mit Wagenlenkern. In: Fundstücke. Von der Urgeschichte bis zur Neuzeit. Schriftenreihe des Rheinischen Landesmuseums Trier 36 (Trier 2009) 144-145. – K. Goethert, Circus und Wagenrennen. In: Konstantin der Große. Ausstellungskatalog, Trier 2007. Hrsg. von A. Demandt/J. Engemann (Mainz 2007) 344-350. – K. Goethert-Polaschek, Fragment eines Circusbechers. In: Trier – Kaiserresidenz und Bischofssitz. Die Stadt in spätantiker und frühchristlicher Zeit (Mainz 1984) 197-198. – K. Goethert-Polaschek, Katalog der römischen Gläser des Rheinischen Landesmuseums Trier. Trierer Grabungen und Forschungen 9 (Mainz 1977). – K.-P. Goethert/K. Goethert-Polaschek, Das Gebäude mit dem Monnus-Mosaik. In: Festschrift 100 Jahre Rheinisches Landesmuseum Trier. Trierer Grabungen und Forschungen 14 (Mainz 1979) 69-96. – A. Haffner, Gräber – Spiegel des Lebens. Zum Totenbrauchtum der Kelten und Römer am Beispiel des Treverer-Gräberfeldes Wederath-Belginum. Schriftenreihe des Rheinischen Landesmuseums Trier 2 (Mainz 1989). – H. Harrauer, Handbuch der griechischen Paläographie (Stuttgart 2010). – H. Heinen, Trier und das Trevererland in römischer Zeit [5](Trier 2002). – F. Hettner, Illustrierter Führer durch das Provinzialmuseum in Trier (Trier 1903). – P. Hoffmann/J. Hupe/K. Goethert, Katalog der römischen Mosaike aus Trier und dem Umland. Trierer Grabungen und Forschungen 16 (Trier 1999). – P. Hoffmann, Römische Mosaike im Rheinischen Landesmuseum Trier. Führer zur Dauerausstellung. Schriftenreihe des Rheinischen Landesmuseums Trier 16 (Trier 1999). – G. Horsmann, Die Wagenlenker der römischen Kaiserzeit. Untersuchungen zu ihrer sozialen Stellung (Stuttgart 1998). – A. C. Johnson, Roman Egypt to the reign of Diocletian (Baltimore 1936). – M. Junkelmann, Mit Ben Hur am Start. Wagenrennen im Circus Maximus. In: Caesaren und Gladiatoren. Die Macht der Unterhaltung im antiken Rom. Hrsg. von

E. Köhne/C. Ewigleben (Mainz 2000) 91-108. – M. Junkelmann, Die Reiter Roms 1. Reise, Jagd, Triumph und Circusrennen. Kulturgeschichte der antiken Welt 45 ⁴(Mainz 2008). – E. Köhne, Mosaik mit dem Rennfahrer POLYDVS. In: Fundstücke. Von der Urgeschichte bis zur Neuzeit. Schriftenreihe des Rheinischen Landesmuseums Trier 36 (Trier 2009) 112-113. – E. Krüger, Relief eines Wagenlenkers mit mappa. Trierer Zeitschrift 6, 1931, 136-138. – W. Letzner, Der römische Circus. Massenunterhaltung im Römischen Reich (Mainz 2009). – S. Martini, Civitas equitata. Eine archäologische Studie zu Equiden bei den Treverern in keltisch-römischer Zeit. Philippika 62 (Wiesbaden 2013). – W. v. Massow, Die Grabmäler von Neumagen. Römische Grabmäler des Mosellandes und der angrenzenden Gebiete 2 (Berlin 1932). – W. v. Massow, Bronzestatuette einer Göttin aus Belgium. Trierer Zeitschrift 15, 1940, 28-34. – W. Pape, Griechisch-Deutsches Handwörterbuch II ³(Graz 1954). – S. F. Pfahl, Römisches Spielzeug im Rheinischen Landesmuseum Trier. Schriftenreihe des Rheinischen Landesmuseums Trier 18 (Trier 2000). – P. Reinard, Kommunikation und Ökonomie. Untersuchungen zu den privaten Papyrusbriefen aus dem kaiserzeitlichen Ägypten. Pharos 32 (Rahden 2016). – P. Reinard, Bemerkungen zu Texten (Papyri, Ostraka, Tituli Picti, Stempeln, Warenetiketten) sowie Edition von P.B.U.G. inv. 351. Marburger Beiträge zur antiken Handelsgeschichte 38, 2020, 203-252. – K. Ruffing, Die berufliche Spezialisierung in Handel und Handwerk. Untersuchungen zu ihrer Entwicklung und zu ihren Bedingungen in der römischen Kaiserzeit im östlichen Mittelmeerraum auf der Grundlage der griechischen Inschriften und Papyri (Rahden 2008). – H. Schöne, Statue eines römischen Wagenlenkers im Vatikan. Jahrbuch des Deutschen Archäologischen Instituts 18, 1903, 68-71. – A. Walde/J. B. Hofmann, Lateinisches etymologisches Wörterbuch II ³(Heidelberg 1954).

Abkürzungen

BL	Berichtigungsliste der griechischen Papyrusurkunden aus Ägypten I ff. (Berlin u. a. 1922 ff.).
CIL	Corpus inscriptionum Latinarum I ff. (Berlin 1863 ff.).
ILS	Inscriptiones Latinae selectae. Hrsg. von H. Dessau (Berlin 1892-1916).
LSJ	A Greek-English lexicon. Hrsg. von H. G. Liddell/R. Scott/H. S. Jones (Oxford 1968).
O.Ashm.Shelton	J. C. Shelton, Greek Ostraca in the Ashmolean Museum from Oxyrhynchus and other sites. Papyrologica Florentina 17 (Florenz 1988).
P.Oxy.	The Oxyrhynchus Papyri 31. Hrsg. von J. W. B. Barns u. a. (London 1966).
SelPap.	Select Papyri I. Hrsg. von A. S. Hunt/C. C. Edgar (London 1932).
SPP	Griechische Papyrusurkunden kleineren Formats. Hrsg. von C. Wessely. Studien zur Palaeographie und Papyrusurkunde 3 (Leipzig 1904).
ThLL	Thesaurus linguae Latinae VIII (Berlin 1936-1966).

Abbildungsnachweis

Abb. 1 Oxyrhynchus online, http://163.1.169.40/gsdl/collect/POxy/index/assoc/HAS-H01cc.dir/POxy.v0031.n2598.a.01.hires.jpg [27.01.2022].

Abb. 2-8 Th. Zühmer, RLM Trier, Digitalfotos.

Korana Deppmeyer
Annegret Butz
Detlef Bach

Blumen für die Residenz

Die Restaurierung von Wandbildern
aus den spätantiken Bauten in Trier

Im 4. Jahrhundert n. Chr. war Trier von zwei Baubooms geprägt. So wurde zu Beginn des Jahrhunderts für den Ausbau der Kaiserresidenz ein komplettes Stadtviertel abgerissen. An der Stelle eines älteren Verwaltungsgebäudes entstand die kaiserliche Audienzhalle, die Basilika. Dort, wo heute der Dom steht, wurde ein weiteres Bauprojekt in Angriff genommen – die aus vier Hallen errichtete Kirchenanlage, der neue Großbau des Christentums. Wenige Kilometer vor Trier, im heutigen Pfalzel, entstand das sogenannte Palatiolum, ein monumentales Gebäude in der Bauart spätantiker Kastelle. Als Besitzer der Anlage kommt entweder ein hoher Beamter oder ein Angehöriger des Kaiserhauses infrage.

Politische und militärische Umstände sowie die zeitweilige Absenz der Herrscher brachten die Baumaßnahmen allerdings zum Erliegen. So gab es für die Kaiserthermen als Bestandteil des Palastareals schon in der ersten Hälfte des 4. Jahrhunderts einen Baustopp; sie wurden weder vollendet noch in ihrer geplanten Funktion genutzt. Erst nach Mitte des 4. Jahrhunderts erfasste erneutes Baufieber die Stadt. Umbauten und Reparaturen unter Valentinian II. sind beispielsweise für den Zentralbau der Kirchenanlage anhand dendrochronologischer Untersuchungen von Hölzern eines Baugerüstes um das Jahr 390 belegt.

Allen drei Gebäuden – Kirche, Basilika und Palatiolum – ist gemeinsam, dass sie über äußerst reiche und aufwendige Ausstattungselemente in ihren Innenräumen verfügten. Ein Teil des Wanddekors bestand aus Inkrustationen mit diversen Motiven der Flora und Fauna. Erhaltene Reste haben je nach Fundort eine unterschiedliche Historie, wechselten mitunter mehrfach ihre ‚modernen' Besitzer, bis sie, zerstreut und in Einzelteilen, ihre zunächst letzte Ruhe in den Magazinen des Rheinischen Landesmuseums Trier fanden.

Aufgrund der außerordentlichen Bedeutung, die die Fragmente für die visuelle Wiederherstellung des antiken Innenraumes der Großbauten besitzen, sollten sie wieder in ihren ursprünglichen Kontext gebracht werden. So kann, zumindest ausschnitthaft, ein Eindruck von spätantikem Zeitgeschmack und dem Zusammenspiel vielfältiger Dekorschemata vermittelt werden.

Die Ernst von Siemens Kunststiftung schrieb 2020 eine Corona-Förderlinie aus, die sich an freiberufliche Restauratoren wandte, um Projekte für Museen umzusetzen. Eine Bewerbung des RLM Trier hatte Erfolg und der Restaurator Detlef Bach aus Winterbach nahm sich des Auftrages an, die Stücke in ihren antiken Kontext zurückzuversetzen. Dafür war einige Vorarbeit nötig, nämlich die Rekonstruktion der zahlreichen Einzelteile anhand antiker Vorbilder und schriftlicher Berichte sowie Zeichnungen des 19. Jahrhunderts.

1

Modell der im 4. Jh. n. Chr. erbauten Kirche.
Museum am Dom, Trier.

Horror vacui im Trierer Kirchenbau

Die umfangreichste Sammlung von Fragmenten des Innendekors stammt aus der Trierer Kirchenanlage, genauer: aus dem sogenannten Zentral- oder Quadratbau, der die aus vier Hallenbauten bestehende Kirchenanlage überragte [Abb. 1].

Dank der ausführlichen Publikation von Johann Nikolaus v. Wilmowsky aus dem Jahr 1874 waren wichtige Anhaltspunkte für die Rekonstruktion vieler Teile gegeben. Aufschlussreiche Beschreibungen des ehemaligen Innendekors beziehen sich auf den Zentralbau, der etwa Mitte des 5. Jahrhunderts durch einen Brand zerstört wurde. Es bleibt unklar, ob durch Blitzschlag oder Brandschatzung, denn sämtliche Schriftquellen schweigen dazu. Welche Wucht der Einsturz riesiger Granitsäulen, die den Zentralbau begrenzten, samt Gebälk besaß, zeigen starke Verformungen des Bodens [Abb. 2]. Wilmowsky hatte in seiner Funktion als Domkapitular direkten Zugang zu dem unter dem modernen Dom gelegenen Bau, von dessen einstiger Ausstattung er etliche Reste barg. Darunter waren auch besagte Steininkrustationen, die noch im 19. Jahrhundert vom Trierer Provinzialmuseum angekauft wurden. Der Eintrag dazu lautet: „Gekft. von Frl. Schreiner, Haushälterin von Herrn v. Wilmowsky, für 54 Mark".

2

Trier, Dom.
Verformung des Bodens der
Kirche infolge des Einsturzes
des Zentralbaus.

3

Geschnittene Steine aus dem Zentralbau der Kirche in der ehem. Dauerausstellung des Provinzialmuseums Trier.
RLM Trier.

Man präsentierte die Stücke schon Anfang des 20. Jahrhunderts im Museum [**Abb. 3**] und orientierte sich dabei an ersten zeichnerischen Rekonstruktionsversuchen von Wilmowsky. In Bezug auf den Zentralbau vermerkte der Autor, dass die Wände von den Fenstern bis zur Decke mit Mosaiken verkleidet waren. Auch alle Laibungen der Fenster, Bögen und Kassettierungen der Decke waren von Mosaik bedeckt und mit Wasserhühnern, Enten und Ornamenten geschmückt. Die Bemalung im oberen Bereich schien diesen Dekor nachzuahmen. So erhoben sich in den Friesen blättersprossende Pflanzenstäbe, ähnlich denen in den Mosaiken [**Abb. 4**]. Sehr aufschlussreich für die Rekonstruktion war folgender Vermerk: „Ich fand eine Menge aus dünnen Blättchen geschnittener kleiner Thier- und Pflanzenfiguren, welche in eine tiefbraune Masse eingelegt waren" [**Abb. 5**].

Daniel Krencker besprach 1929 in einem Kapitel seines Buches „Die Trierer Kaiserthermen" wohl dieselben Steine wie folgt: „Dass das feinere Opus sectile [...] auch in Trier vertreten war, dafür zeugen eine Unmenge kleiner geschnittener, in der Kontur zum Teil ausgesägte Steinchen ... Sie bestehen aus verschiedenen Steinsorten, zum Teil aus Glaspasten. Viele davon stammen von Wilmowskys Ausgrabungen im Dome zu Trier. Wir erkennen neben geometrischen Formen auch naturalistische Motive: Ranken, Blätter, Rosetten, Vögel u. a."

4

*Mosaikschmuck von Wand und
Fußboden des Zentralbaus.*
*Zeichnungen von Johann Nikolaus
v. Wilmowsky, 1874.*

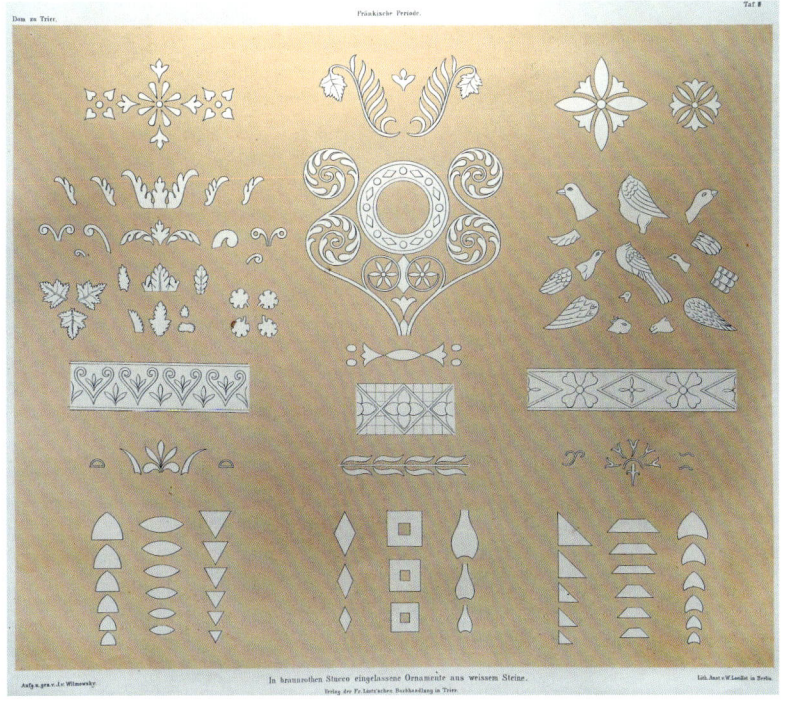

5

Inkrustationen des Zentralbaus.
*Zeichnungen von Johann Nikolaus
v. Wilmowsky, 1874.*

6
Ravenna, San Vitale.
Wandfries aus Marmor.

Widersprüchlich sind die von Wilmowsky erwähnte tiefbraune Masse und das *opus sectile* von Krencker. Bei der Sichtung des Materials fanden sich unter den floralen Motivsteinen keinerlei anpassende negativ geschnittene Steine, wie sie etwa in geringer Zahl bei den geometrischen Motiven durchaus vorkommen. Ebenso wenig gab es Spuren von Mörtel, um ein *opus sectile* auf dem Untergrund oder Trägermaterial zu befestigen.

Es kann sich somit wohl nicht um die übliche Opus-sectile-Technik gehandelt haben. Daraus lässt sich schlussfolgern, dass die hellen Steine, fast ausschließlich aus Kalkstein bestehend, einst in anderer Weise verlegt und fixiert waren, nämlich in der von Wilmowsky genannten „tiefbraunen Masse", bei der es sich theoretisch um organisches Material, etwa das Harz *colophonium* gehandelt haben könnte. Das gelbe bis braunschwarze Baumharz wurde beispielsweise in der Villa Hadriana in Tivoli für die Fixierung von Steinen verwendet.

Später als die Trierer Kirchenausstattung wurde die Wandzier gefertigt, deren Reste sich heute noch in San Vitale in Ravenna befinden. Der Baubeginn wird in den 30er Jahren des 6. Jahrhunderts vermutet. Zu den dortigen Platten heißt es, dass man zusätzliche Farbakzente mit Champlevé-Reliefs erreichte, bei denen auf den leicht zurückgearbeiteten Motivhintergrund eingefärbte Harzmasse aufgetragen wurde [**Abb. 6**]. Mit diesen Tafeln dürfte man der ehemaligen Wandgestaltung der Trierer Kirchenanlage recht nahekommen. Während bei der geläufigen Champlevé-Technik üblicherweise Emaille in entsprechende Vertiefungen gefüllt wird, konnte offensichtlich auch anderes Füllmaterial verwendet werden, wie die vorliegenden Beispiele zeigen.

Von Detlef Bach wurden sechs Steine mit rückseitigen Spuren bräunlich-schwärzlicher Anhaftungen ausgewählt und an das Münchner Doerner Institut geschickt, um sie auf das einstige Klebematerial und organische Bestandteile untersuchen zu lassen. Leider wurden die Steine im Laufe der Zeit vermutlich mehrfach so stark gereinigt, zudem unzählige Male angefasst, dass keinerlei verwertbare Ergebnisse erzielt werden konnten. Im Untersuchungsbericht heißt es, dass „keine organischen Anteile detektierbar waren, nur moderne Komponenten (Weichmacher, Fettsäureamide etc.)".

Am Koblenzer Münzplatz hat man im Jahr 1999 Teile einer schwarz-braunen Masse entdeckt, die in eindeutig römischem Kontext geborgen wurden [Abb. 7]. Auch das Ziermotiv des ‚laufenden Hundes' stützt diese zeitliche Einordnung. Die leicht glänzende Oberfläche einer in mehreren Fragmenten plattenartig vorliegenden Substanz wurde ebenfalls am Doerner Institut untersucht. Es handelt sich hierbei um das natürliche Bindemittel Bitumen, ohne jegliche anorganische Anteile. Obwohl keinerlei Verbindung zwischen den Funden aus Koblenz und Trier besteht, ist die Möglichkeit gegeben, dass man sich auch bei den Inkrustationen des Trierer Kirchenbaues dieses tiefbraunen viskosen Materials als Kleb- und Bindemittel oder als Masse, die die Ornamente umgab, bediente. Das vor allem im Nahen und Mittleren Osten natürlich vorkommende Bitumen wurde als Universalklebstoff verwendet und in die antike Welt verhandelt. Deshalb kann auch die Koblenzer Masse nur importiertes Bitumen sein.

Die hellen Motivkalksteine weisen auf ihrer Oberfläche keinerlei Farbspuren auf, was einen intendierten Hell-Dunkel-Kontrast nahelegt. Dass man auf farbliche Gegensätze, aber auch Materialkombinationen Wert legte, beweisen wiederum die Glassteine. Bei den von Krencker genannten Glaspasten dürfte es sich um die roten Fragmente aus dem Zentralbau handeln [Abb. 8]. Im Nachlass von Siegfried Loeschcke findet sich zu den Glasbruchstücken folgende handschriftliche Notiz: „Dunkelroter Glasbelag a. d. Dom zu Trier, war wohl combiniert mit Marmorintarsien wie den zahlr. erhaltenen. Großes Tablett voll Bruchstücke". Der starke Kontrast der einst wohl sehr verschiedenartigen Wandplatten war damit zwar so gut wie sicher, doch die Motive noch keinesfalls klar.

Das vorliegende Material ist disparat und viele Steine schienen schon auf den ersten Blick nicht zusammenzugehören. Für die Rekonstruktionen wurden alle geometrischen Formen und jeder Buntmarmor aussortiert. Nachdem alle möglichen Varianten für einzelne Motive getestet waren, sind Vorlagenzeichnungen im Maßstab 1:1 erstellt worden.

7

Koblenz, Münzplatz.
(Beschichtungs-)Material
aus Bitumen.
Direktion Landesarchäologie,
Außenstelle Koblenz,
Inv. 1999.0036.0063.0434.

8
Glasstücke von Inkrustationen
des Zentralbaus.
RLM Trier, Inv. PM 2940.

9
Trier, Forum.
Fragmente marmorner Pilaster-
kapitelle des 4. Jhs. n. Chr.
RLM Trier, Inv. 1902,388-398.

10
Rekonstruktion eines Wandbildes
mit Pflanzenspross.
RLM Trier, Inv. 2021,1.

Die Darstellung zweier Vögel orientierte sich an Wilmowskys Beschreibungen von Wasserhühnern und Enten auf den Mosaiken und
an seinen Abbildungen der Tiere [**Abb. 4-5**]. Tauben, die schon zu Beginn
des 20. Jahrhunderts für ein Motivbild zum Einsatz kamen, erwiesen
sich als die falsche Vogelart – die Proportionen passten nicht, was vermutlich auch schon bei dem ersten Rekonstruktionsversuch auffiel, da
die meisten der vorhandenen Fragmente gar keinem Vogel zugewie-
sen wurden [**Abb. 3**]. Die Laufrichtung der Tiere und ihre Ausrichtung
zueinander waren zunächst ebenfalls problematisch, denn nur wenige
Bruchstücke konnten passend eingesetzt werden. Erst die Variante mit
hintereinanderstehenden Vögeln ergab ein stimmiges Bild, auch wenn
nicht alle verfügbaren Teile verwendet werden konnten [**Abb. 19**].

Im Sammelsurium der Inkrustationen befanden sich auch einige
Blüten. Für sie ergab sich zunächst keinerlei Verwendung. Denn in den
klassischen floralen Spiralranken der Spätantike, wie sie beispielsweise die prächtige Villa von Porta Marina in Ostia schmückten, kommen
derartig gestaltete Blüten nicht vor. Sie sind dennoch ein spätantikes
Sujet und finden sich etwa an Pilasterkapitellen, die im Bereich des
Trierer Forums zutage kamen – hier allerdings mit ausgearbeiteter
und reliefierter Oberfläche [**Abb. 9**].

11
Rekonstruktion eines Wandbildes mit Blattranke.
RLM Trier, Inv. 2021,3.

Steine für vierpassförmige Blüten, wie sie auch in Ostia Verwendung fanden, gab es zwar in größerer Zahl; sie waren aber im Vergleich zu den anderen floralen Elementen zu groß und passten stilistisch nicht dazu. Letztlich lieferte Wilmowsky die Idee und eines seiner dargestellten Mosaikbilder stand Modell. Er erwähnte gemalte blättersprossende Pflanzenstäbe, ähnlich denen in den Mosaiken [Abb. 10]. Warum sollte es das Motiv nicht auch als Inkrustation an den Wänden des Zentralbaus gegeben haben? Unter den Steinen befanden sich weitere filigran gearbeitete Teile von Inkrustationen mit Binnenritzungen der Blattadern. Diese haben alle ihre Verwendung in einem verzweigten Rankenwerk mit weinartiger Flora gefunden [Abb. 11]. Zeitgleiche Inkrustations- oder Opus-sectile-Arbeiten mit ähnlichen Motiven liegen vielfach vor. Sie lieferten vermutlich das Vorbild und gelangten als Produkt eines gemeinsamen spätantiken Geschmackes auch in die Nordwestprovinzen des Römischen Reiches und damit in die Trierer Großbauten.

An einigen Fundorten in Trier wurden Objekte und Friesteile mit zweifarbigem Kontrast in Champlevé-Technik gefunden, die darauf hindeuten, dass es sich hierbei wohl sogar um eine hiesige ‚Spezialität' gehandelt hat, obwohl diese Technik auch an anderen Orten gern verwendet wurde. Bruchstücke eines Rankenfrieses mit Blüten sind nur eine Variante des Zweifarbenspiels, aber auch der Verwendung einer farbigen Masse, die man in das entstandene negative Bild füllte [Abb. 12]. Es handelt sich um einen Fries aus Marmor mit leicht eingetieftem Motiv. Von den eingebrachten Farben existieren keinerlei Reste. Die Oberfläche des größeren der beiden Bruchstücke ist schwarz eingefärbt. Ob dies bereits in antiker Zeit geschah, ist schwer zu sagen. Es könnte sich auch um eine nachantike Einfärbung handeln; dafür spräche der Umstand, dass die schrägen Seitenflächen mit der gleichen schwarzen Patina versehen sind, was nicht dem antiken Zustand entsprochen haben kann. Die Schwarzfärbung könnte auch im Laufe der Zeit entstanden sein, wenn etwa der Fries jahrhundertelang der Witterung ausgesetzt war, dann allerdings mit einer schwer nachvollziehbaren Fixierung auf einem Untergrund, denn sowohl Ober- und Unter- als auch Rückseite weisen keinerlei geschwärzte Spuren auf.

Bezüglich der Innenausstattung des Kirchenbaus lässt sich folgendes Fazit ziehen, dem vor allem die Beschreibungen von Wilmowsky zugrunde liegen: Der Dekor war so variantenreich wie beeindruckend. Neben Wandverkleidungen mit Marmorplatten gab es Malerei, Stein- und Glasmosaiken sowie Inkrustationen, die auf die Wirkung eines Hell-Dunkel-Kontrastes setzten. Obwohl kein Innendekor in Champlevé-Technik belegt ist, war doch der mit dieser Technik erzielte Effekt beliebt und wurde hier mit anderen Mitteln erzeugt.

Das Zusammenspiel und die Vielfalt der Dekorarten würden wohl für den heutigen Betrachter übertrieben wirken. Nach den Beschreibungen von Wilmowsky muss man zudem davon ausgehen, dass nahezu jeder Platz an Decke, Wand und Boden für Verzierungen genutzt wurde, also ein regelrechter *horror vacui* bestand. All diese Merkmale sind kennzeichnend für die Ausstattung früher Kirchenbauten in der römischen Welt im späten 4. und frühen 5. Jahrhundert.

Gesteigerter Prunk in der Audienzhalle

Im Steinbestand für den Innendekor der Trierer Basilika fanden sich vorwiegend Teile hochqualitativer Pilasterkapitelle, profilierter Platten und Leisten sowie Architrave in mehr als 40 Sorten Marmor und Buntstein. Erstaunlicherweise tauchen im Bestand auch fünf der bekannten Blüten auf, die mit denen vom rekonstruierten Pflanzenspross des Trierer Kirchenbaues identisch sind [Abb. 13].

12
Zwei verschiedenfarbige Teile eines Rankenfrieses aus Marmor.
RLM Trier,
EV 2022,18-1; EV 2022,18-2.

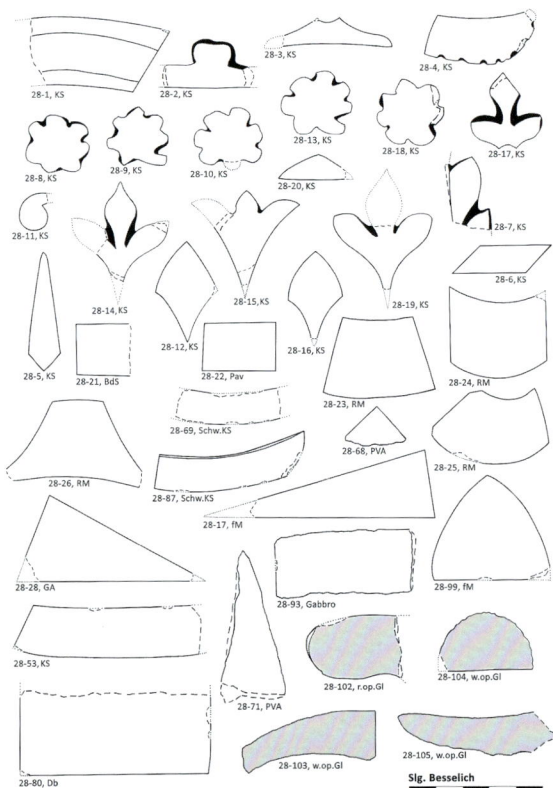

13
Fragmente von Inkrustationen, u. a. in Form von Blüten, aus der ehem. Sammlung Besselich. Umzeichnung.

14
Trier-Pfalzel, Palatiolum.
Ausgrabung im Jahr 1929 mit
Inkrustationsfragmenten im oberen
Bereich.

Dies legte zunächst die Vermutung nahe, dass die gleichen Ausstattungselemente, zumindest in Teilen, für Kirche und Basilika Verwendung fanden. Doch könnte diese Schlussfolgerung auch einer falschen Zuweisung bei der einstigen Inventarisierung geschuldet sein, denn die floralen Elemente trugen zwar Zettelchen, ihre Beschriftung war aber nicht mehr zu entziffern. Erst später beigefügte Zettel benennen die Basilika als Fundort. Mit den infrage kommenden Inventarnummern sind allerdings andere Dekorelemente des Baus bezeichnet. Deshalb könnte auch leicht der Fehler passiert sein, die zur Kirche gehörigen Blüteninkrustationen den Funden der Basilika zuzuordnen. Allerdings muss bemerkt werden, dass Wilmowsky diese fünf Blüten – anders als die floralen Elemente, die er im Zentralbau fand – nicht gezeichnet hat. Sie stammen aus der Sammlung Nikolaus Besselich, der im 19. und frühen 20. Jahrhundert alle Marmorteile der sogenannten Kaiserpalastgrabungen angekauft und später dem RLM Trier überlassen hat. Von den Blüten wurden nur wenige Exemplare sowie ein einzelner Stein in Form eines Blattes gefunden, sämtlich aus Kalkstein gefertigt. Sie passen nicht zur übrigen bekannten Ausstattung des Monumentalbaus, die hochwertiger und repräsentativer gewesen zu sein scheint – wie es auch dem Zweck einer Audienzhalle entsprach.

Bei Ausgrabungen im dritten Großbau, dem Palatiolum von Trier-Pfalzel, kamen neben Mosaik- und Wandmalereiresten einige Steine von Inkrustationen zutage [**Abb. 14**]. Es handelt sich um dasselbe Spektrum wie in Kirche und Basilika: Blätter, Ranken und Vögel. Aus diesen Teilen wurde eine Rekonstruktion nach dem spätantiken Vorbild von Porta Marina aus Ostia hergestellt, hier insbesondere der Rahmung einer Exedra (nischenartiger Raum) [Abb. 15]. Auch in Rom wurden vergleichbare Ranken in Opus-sectile-Technik gearbeitet. Eine in der zweiten Hälfte des 4. Jahrhunderts gefertigte ist stilistisch eng mit dem Trierer Beispiel verwandt [Abb. 16]. Auf den wenigen in Trier-Pfalzel entdeckten Motivsteinen waren ebenfalls keine Spuren von Farbe oder Mörtel zur Fixierung nachweisbar. Wahrscheinlich ist deshalb dieselbe Herstellungstechnik wie bei den Wandplatten aus der Trierer Kirche.

15
*Rekonstruktion einer Wand-
inkrustation mit Blattranke und
Vögeln unter Verwendung der
Originalfunde aus Trier-Pfalzel.*
RLM Trier, Inv. 2021,4.

16
Rom, Domus delle Sette Sale.
Wandbild mit Ranke in
Opus-sectile-Technik.
**Museo della Civiltà Romana,
Rom.**

Resümee

Mit diesem Rekonstruktions- und Restaurierungsprojekt ist es gelungen, einige Teile eines großen Puzzles zusammenzufügen, das den spätantiken Ausstattungsgeschmack in öffentlichen Großbauten zeigt. Das in vielen Bereichen noch unscharfe Gesamtbild konnte um einige wichtige Facetten bereichert werden. Man setzte auf die visuelle Wirkung einer imitierten Champlevé-Technik. Der Zweifarbkontrast wurde mit Motivsteinen erzeugt, die in einen farbigen Untergrund eingelegt waren. Der Einsatz von Harzen, viskosen Füllmassen und Klebstoffen bot hierbei eine günstige Alternative zur teuren, material-intensiven und aufwendigen Opus-sectile-Technik. Das zudem ästhetisch überzeugende Ergebnis war nicht nur in der Trierer Residenzstadt zu bewundern, sondern auch reichsweit verbreitet.

Anhang:
Die restauratorisch-technische Anfertigung der Rekonstruktion

Zur Umsetzung der Rekonstruktionen der vier Tafeln wurde eine Reihe technischer Verfahren, Farben und Materialien erprobt. Mehrere Detailfragen konnten anhand zahlreicher Mustertafeln frühzeitig besprochen und geklärt werden: Welche Motivteile müssen durch Anfertigung von ,Ersatzsteinen' ergänzt werden? Wie wird die Farbgebung dieser Ergänzungen und des flächigen Hintergrundes gestaltet? Soll die handwerkliche Ausführung von Säge- und Gravurarbeit exakt imitiert oder eher eine modern anmutende Präzision erreicht werden? Wie lassen sich die Originalfunde in die Einbettmasse des rekonstruierten flächigen Hintergrunds reversibel integrieren?

Die für die Rekonstruktionen gewählten Originalsteine waren zwar nicht explizit farbig, zeigten aber unter der ,Patina', dass sie aus unterschiedlichen Kalksteinen geschnitten waren. Eine systematische Zuordnung bestimmter Varianten von ,Kalkweiß' zu bestimmten Ornamenten (Blattwerk, Ranken, Flügel etc.) war nicht zu erkennen. Daher wurde entschieden, alle Ergänzungen in einem einheitlichen hellen Marmorton zu fertigen. Für die Herstellung der synthetischen Ergänzungssteine standen verschiedene Marmormehle und -griese zur Verfügung. Sie wurden mit Epoxidharzen zu 4 mm dicken Platten vergossen, aus denen die Ergänzungen ausgesägt werden konnten. Das Epoxidharz verlieh dem Material einen leicht gelblichen Stich, sodass sie sich gut an die originalen Teile anglichen. Die variierende Korngrößenverteilung der Marmorgriese gab den geschliffenen Oberflächen einen etwas strukturierteren und deshalb weniger künstlich wirkenden Anschein, als es ein reines Marmormehl hätte tun können [Abb. 17].

17

Testplatte zur Überprüfung von Farben, Korngrößen, Glanzgraden und technischen Details.

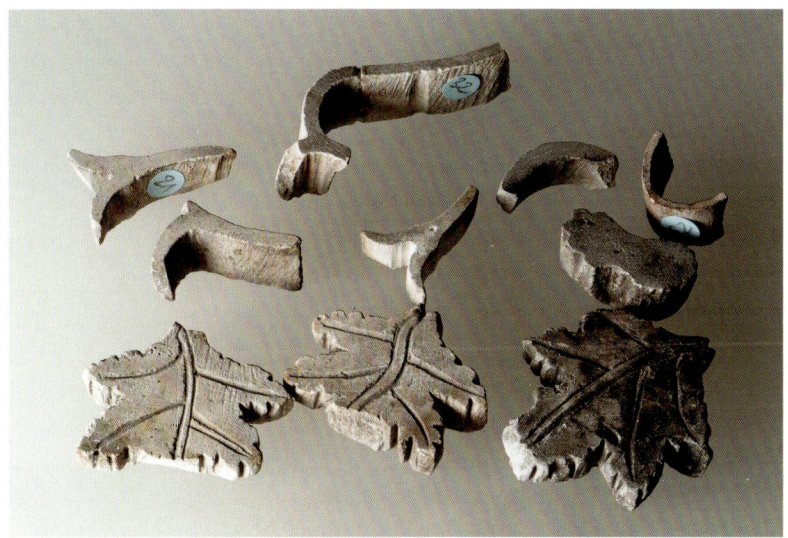

18
Trier, Dom (Zentralbau).
Fragmente der Inkrustationen
mit Werkzeugspuren.
RLM Trier.

Unter Berücksichtigung der von Wilmowsky beschriebenen „tief-braunen Masse", die den Steinen bei der Auffindung anhaftete, war die Grundrichtung der Farbgebung der Einbettmasse für den Hintergrund bereits vorgegeben. Den letzten Anstoß zur Wahl des Pigments „Kasseler Braun" gab das Fundmaterial aus Koblenz. Jenes vom Doerner Institut als natürlicher Asphalt beziehungsweise Bitumen identifizierte Material passte farblich exakt zu dem Kasseler Braun, das – auch bekannt als Van-Dyck-Braun – aus Braunkohle gewonnen wird. Es zeigt sowohl Eigenschaften eines löslichen Farbstoffes als auch eines unlöslichen Pigments. Auch für den Guss der Hintergrundplatte wurde als Bindemittel Epoxidharz verwendet.

Die Ausführung der Sägearbeiten und der Gravuren an den ergänzten Ornamenten richtete sich nach den jeweils verwendeten Originalsteinen. Hier waren sehr unterschiedliche handwerkliche ‚Handschriften' zu beobachten. Sehr grob und flüchtig bearbeitete Stücke stehen solchen gegenüber, die mit größter Präzision gesägt, gefeilt, geschliffen und graviert worden waren [Abb. 18]. Dem konnte in gewissem Rahmen bei der rekonstruierenden Bearbeitung der synthetischen Ergänzungssteine Rechnung getragen werden. Die gewünschten Ergebnisse wurden mit klassischen Werkzeugen erzeugt. Stichel, Meißel, Feilen, Raspeln und Schleifsteine sind die anhand der Werkzeugspuren nachweisbaren Werkzeuge.

Die Präsentation der wenigen Originalsteine innerhalb der Bildtafeln sollte reversibel sein, bei gleichzeitig visuell nachvollziehbarer und harmonischer Integration in die rekonstruierte Ornamentik aus dunklem Hintergrund und Steinergänzungen. Die vollständige Reversibilität bedeutet unter anderem, dass die Steine jederzeit wieder zu entnehmen sein sollten, indem eine minimale Fuge zwischen den Originalen und den Ergänzungen belassen wird. Alle Originale wurden abgeformt, mit einem sehr weichen Gips kopiert und diese (zusätzlich

wachsgetränkten) ,Opferkopien' schließlich in den Hintergrund einge-
gossen. Nach Entfernung der Gipse mussten die Fehlstellen lediglich
gezielt durch Feilen und Fräsen so erweitert werden, dass die Originale
sich leicht in die ausgehärtete und geschliffene Einbettmasse einfü-
gen ließen. Zur rückseitigen punktuellen Befestigung der Steine an
der gegossenen Hintergrundplatte erwiesen sich spezielle hochflexib-
le Silikonkleber als ideal, weil sie bei Bedarf mit einem Skalpell leicht
durchtrennt werden können. Ein minimaler Überstand von Originalsteinen gegenüber den ergänzten Steinen beziehungsweise der Hin-
tergrundfläche betont einerseits dezent die reversible Integration und
kaschiert andererseits die technisch notwendige Fuge [**Abb. 19**].

19
*Rekonstruktion der Vögel
mit erhabenen Originalsteinen.*
RLM Trier, Inv. 2021,2.

Detlef Bach

*Wir danken der Ernst von Siemens Kunststiftung, ohne deren großzügige Finanzierung das Pro-
jekt nicht möglich gewesen wäre. Martina Diederich, Trier, erstellte alle zeichnerischen Vorlagen
der rekonstruierten Motive. Jun.-Prof. Dr. Vilma Ruppiene, Ruhr-Universität Bochum, stellte den
Rekonstruktionsentwurf der Ranke aus dem Palatiolum von Pfalzel sowie eine Bildtafel mit Objekten
der Sammlung Besselich zur Verfügung. Yvonne Ipolyi, Direktion Landesarchäologie, Außenstelle
Koblenz, werden der Hinweis auf den Fundkomplex der Grabung am Koblenzer Münzplatz und das entsprechende Bildmaterial verdankt. Ursula Baumer und Dr. Patrick Dietemann vom Doerner Institut
München untersuchten die Rückseiten der Inkrustationen aus der Kirche sowie die Bitumenfragmen-
te aus der Koblenzer Grabung. Dorothea Hübner, Trier, gab den Hinweis auf den Bericht von Siegfried Loeschcke zu Glasfunden in der Kirchenanlage. Markus Groß-Morgen, Trier, stellte das Foto des
Dommodells zur Verfügung und Magdalena Machura, Trier, das Foto von San Vitale aus Ravenna.
Andreas Rzepecki, Trier, teilte uns die neuesten dendrochronologischen Daten zum Kirchenbau mit.*

Literatur

S. Boyd, The decorative program of the Champlevé revetment from the episcopal basilica at Kourion in Cyprus. In: Actes du XIe Congrès International d'Archéologie Chrétienne. Lyon, Vienne, Grenoble, Genève, Aoste, 21-28 septembre 1986. Collection de l'École Française de Rome 123 (Rom 1989) 1821-1840. – S. Boyd, The Champlevé revetments. In: A. H. S. Megaw, Kourion. Excavations in the episcopal precinct. Dumbarton Oaks studies 38 (Washington 2007) 235-320. – G. E. Cinque/E. Lazzeri, Policromia marmorea nei rivestimenti pavimentale e parietali della villa Adriana di Tivoli. Nuove scoperte e verifiche. Romula 11, 2012, 161-204. – R. Gersht/P. Gendelman, Architectural decoration in Roman and late antique Caesarea Maritima and its periphery. Production, importation and reuse. In: Judaea/Palaestina and Arabia. Cities and hinterlands in Roman and Byzantine times. Proceedings of the 19th International Congress of Classical Archaeology Cologne/Bonn, 22-26 May 2018. Archaeology and economy in the ancient world 44 (Heidelberg 2019) 59-72. – Ch.-V. Grewe, Naphtha und Asphalt. Vielfältig genutzte Produkte in der Antike. Mitteilungen der Gesellschaft Deutscher Chemiker 14, 1998, 7-24. – C. Jäggi, Ravenna. Kunst und Kultur einer spätantiken Residenzstadt. Die Bauten und Mosaiken des 5. und 6. Jahrhunderts (Regensburg 2016). – B. Kiilerich, The opus sectile from Porta Marina at Ostia and the aesthetics of interior decoration. In: Production and prosperity in the Theodosian period. Hrsg. von I. Jacobs (Leuven 2014) 169-187. – H. Koethe, Die Trierer Basilika. Trierer Zeitschrift 12, 1937, 151-179. – D. Krencker, Die Trierer Kaiserthermen 1. Ausgrabungsbericht und grundsätzliche Untersuchungen römischer Thermen. Trierer Grabungen und Forschungen 1,1 (Augsburg 1929). – Y. Schmuhl, Austausch und Fortbewegung. In: Leben am Toten Meer. Archäologie aus dem Heiligen Land. Hrsg. von M. Peilstöcker/S. Wolfram. Ausstellungskataloge des Staatlichen Museums für Archäologie Chemnitz 3 (Altenburg 2019) 61-68. – J. N. v. Wilmowsky, Der Dom zu Trier in seinen drei Hauptperioden: der römischen, der fränkischen, der romanischen (Trier 1874).

Abbildungsnachweis
Abb. 1 R. Schneider, Museum am Dom, Trier.
Abb. 2; 17 K. Deppmeyer, RLM Trier.
Abb. 3 RLM Trier, Foto KP 621, Inv. PM 2940.
Abb. 4-5 nach: Wilmowsky 1874.
Abb. 6 M. Machura, RLM Trier.
Abb. 7 Direktion Landesarchäologie, Außenstelle Koblenz (GDKE).
Abb. 8-13; 16; 19 Th. Zühmer, RLM Trier.
Abb. 14 V. Ruppiene, Ruhr-Universität Bochum.
Abb. 15 RLM Trier, Foto PFA 0187.
Abb. 17-18 D. Bach, Winterbach.

Lars Blöck
Ferdinand Heimerl
Marina Apatsidis

Spätantike und frühmittelalterliche Bestattungen aus Welschbillig, Kreis Trier-Saarburg

1
Welschbillig.
Grabungsstelle.

Welschbillig liegt etwa 15 km nördlich von Trier in einer flachen Mulde des Bitburger Gutlandes [Abb. 1]. Westlich des Ortes verläuft die Bundesstraße B51, die auf die Römerstraße Trier – Köln zurückgeht. Bereits 1841 wurde im Ortskern ein archäologisch und kunsthistorisch herausragender Befund angetroffen, der im Bereich der bischöflichen Burg liegt und vom Provinzialmuseum Trier ausgegraben wurde (Hettner 1893. – Koethe 1935. – Steinhausen 1925, 282-292. – Trier – Kaiserresidenz 1984, 286-289. – Wrede 1972, 14-28): Es handelt sich um ein ca. 58 x 18 m großes, langrechteckiges, durch eine Mauer (*spina*) geteiltes Zierwasserbecken [Abb. 2.1] mit vier oder sechs nischenartigen Erweiterungen an den Längsseiten. Rings um das „Hermenweiher" genannte Bassin befand sich ein steinerner Zaun mit ursprünglich vermutlich 112 als Pfosten dienenden Hermen, die neben Göttern, Philosophen und Feldherren auch Personifikationen der im Imperium Romanum geeinten Ethnien repräsentieren (Wrede 1972) und heute in Auswahl im Rheinischen Landesmuseum Trier ausgestellt sind (Ackenheil/Neyses-Eiden 2020, 37). Weder der genaue Grundriss des Bassins noch die Anzahl der Hermen lassen sich feststellen, da der zentrale Teil des Beckens bei der Anlage der mittelalterlichen Burg zerstört wurde. Das Bassin gehörte zu dem herrschaftlichen Wohn- und Repräsentationsbereich einer ausgedehnten spätantiken *villa*. Diese wurde in weiten Teilen von der mittelalterlichen und neuzeitlichen Bebauung des Ortes Welschbillig mit der erzbischöflichen Burganlage des 12. beziehungsweise 13. Jahrhunderts [Abb. 2.2] und der Stadtmauer des späten 13. beziehungsweise 14. Jahrhunderts [Abb. 2.3] überbaut (Steinhausen 1925, 282-292. – Wackenroder 1936, 391-397. – Wegner 1994, 370-372). Die spätrömische *villa* im Ortskern von Welschbillig lag innerhalb des 232(!) km² großen spätantiken Langmauerbezirks, bei dem es sich um eine

kaiserliche Domäne gehandelt haben dürfte (Gilles 1999. – Heimerl/
Lang/Schmitz 2016. – Heimerl 2021, 112-115). Die Größe und heraus-
ragende Ausstattung der Welschbilliger *villa* sowie der Umstand, dass
die Anlage wohl erst während der valentinianischen Dynastie (Koethe
1935, 234. – Wrede 1972, 90-101) (aus)gebaut wurde, lassen annehmen, dass sie eine besondere Stellung innerhalb der spätrömischen
Siedlungslandschaft des Langmauerbezirks innehatte. Diskutiert wird,
dass Welschbillig Sitz der kaiserlichen Domänenverwaltung war (Cüppers 1990, 665-667) oder sogar als ländliche Residenz des Kaisers diente (Koethe 1935, 236. – Wrede 1972, 9-28).

Eine hochmittelalterliche Fälschung einer angeblich 981 abgefass-
ten Urkunde Erzbischof Egberts gibt an, dass der fränkische König
Dagobert I. dem Trierer Stift St. Paulin neben anderen Orten Welschbillig geschenkt hat. Nicht zuletzt deshalb nimmt die mediävistische
Forschung an, dass der Langmauerbezirk und damit der spätrömische
Baukomplex der *villa* nach Ende der römischen Herrschaftsstrukturen
im nordostgallischen Raum um Trier in fränkisches Königsgut über-
gingen (Böhner 1977, 89. – Ewig 1954, 123 f. – Irsigler 2017, 106. –
Pauly 1963, 208-213; 254-257. – Steinhausen 1925, 302. – Wrede 1972,
10). Im Zuge der Herausbildung christlicher Strukturen im ländlichen
Raum wurde in Welschbillig eine Pfarrei eingerichtet, die wohl auf
eine frühchristliche Kirche zurückgeht (Anton 1987, 64. – Böhner
1958, II 169-170. – Böhner 1977, 87. – Pauly 1963, 208-213; 254-257. –
Steinhausen 1925, 302-303). Diese wäre möglicherweise am Platz der
alten Peterskirche zu suchen [Abb. 2.4], die nach Ausweis der bei der
Anlage von neuzeitlichen Gräbern entdeckten Estrichböden ebenfalls
noch im Bereich der aufgelassenen römerzeitlichen *villa* stand (Steinhausen 1925, 288).

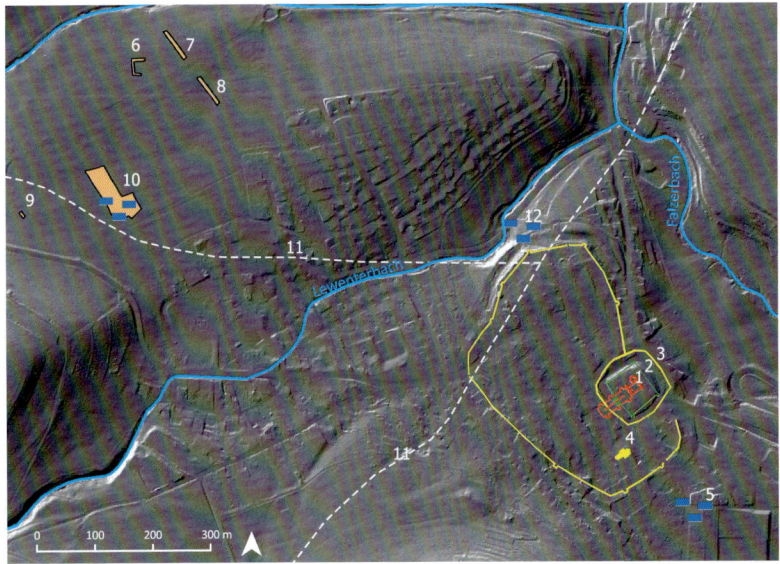

2
Welschbillig.
Überblickskartierung
archäologischer Denkmäler.
1 *Hermenweiher.*
2 *Burg.*
3 *Stadtmauer.*
4 *Kirche.*
5 *Frühmittelalterliche Gräber*
   „Auf der Tonn".
6-9 *Sondagen.*
10 *Sondage mit Grabfunden.*
11 *Altstraßen.*
12 *Ungefähre Lage zweier*
   Körperbestattungen.

Als (früh-)mittelalterliche Ortsnamen sind für Welschbillig *Billiaco*, *Pilliaco*, *Billike* (beziehungsweise *Billiche*, *Pilliche*) überliefert (Buchmüller-Bach 1990, 102-103. – Gysseling 1960, 1059). Dabei soll es sich um die mittelalterliche Form des antiken Ortsnamens *Billiacum* handeln, der aus der gallo-römischen Personennamengruppe Billius/Billus/Bellius gebildet sei und „zu Bill(i)us/Bellius gehörig" im Sinne von „Gut des Bill(i)us/Bellius" bedeutet habe, wobei sich der antike Name bis in das Mittelalter tradiert habe (Steinhausen 1925, 303. – Gysseling 1960, 1059. – Buchmüller-Bach 1990, 102-103. – Eufe in Vorb. 16-17). Allerdings scheint der in Mittel- und Nordgallien mit über 50 Nachweisen weit verbreitete Ortsname *Billiacum* eher frühmittelalterlichen Ursprungs zu sein (Sindou 1987, 37). Dies wird auch durch eine römische Inschrift aus Mertert unterstützt, deren von Jean Krier vorgenommene Lesung zeigt, dass der römerzeitliche *vicus* im heutigen Wasserbillig – das ebenfalls zu den frühmittelalterlich überlieferten Billiacum-Orten gehört (Gysseling 1960, 1049. – Buchmüller-Bach 1990, 101-102. – Eufe in Vorb. 16-17) – in römischer Zeit eben nicht eine Variante des Ortsnamens *Billiacum* trug, sondern *Suromagus* hieß (Krier 2016, 90).

Ab dem 13. Jahrhundert verwendete man den Zusatz *Welspilliche* beziehungsweise *Welschpilliche* zur Unterscheidung von anderen „Billig"-Orten in der näheren Umgebung wie etwa Ober-, Scharf- oder Waldbillig (Wegner 1994, 368). Die Bedeutung des Zusatzes „Welsch-" ist umstritten und wurde zunächst auf die lange Präsenz romanischer Bevölkerungsanteile vor Ort zurückgeführt, während andere Ansätze eine Ableitung von lat. *vallis* (Tal) favorisieren (dazu Irsigler 2017, 106).

Die frühmittelalterliche Besiedlung in und um Welschbillig ist nicht nur anhand der frühmittelalterlichen Überlieferung des Ortsnamens abzulesen, sondern auch durch archäologische Funde nachgewiesen: Bereits 1880 stieß man in Welschbillig „Auf der Tonn" [Abb. 2.5] auf frühmittelalterliche Bestattungen mit Schwertbeigabe, bei denen man glaubte, „Soldaten- oder Rittergräber" gefunden zu haben (Steinhausen 1925, 299). 1906/07 fanden sich auf dem damaligen Grundstück Peters zwei Plattengräber ohne Beigaben. 1933 führte das Rheinische Landesmuseum Trier eine Grabung durch, nachdem für den damaligen Neubau Birk in der Flur „Auf der Tonn" wieder Gräber zerstört worden waren. Auch 1952 wurden laut Ortsansässigen Gräber ohne Beobachtung zerstört. Auf diesem Stand hat Kurt Böhner 13 Gräber aus Welschbillig in seinem Grundlagenwerk zu den fränkischen Altertümern des Trierer Landes zusammengestellt (Böhner 1958, II 169-173). Doch sind nicht nur frühmittelalterliche Bestattungsplätze aus Welschbillig bekannt: Ein 1922 im Ortskern von Welschbillig entdeckter Komplex spätrömerzeitlicher und frühmittelalterlicher Gefäßkeramikscherben zeigt an, dass die römerzeitliche *villa* kontinuierlich weiterbesiedelt wurde (Steinhausen 1925, 285-286; 299. – Steinhausen 1932, 366). Allerdings verweist die Ausschnitthaftigkeit der frühmittelalterlichen Befunde und Funde in Welschbillig darauf, dass bereits viel archäologische Substanz undokumentiert zerstört wurde.

„Auf den Ritten II" – ein Neubaugebiet in Planung

Im Juli 2020 wurde die Direktion Landesarchäologie, Außenstelle Trier, im Rahmen der Trägerschaft öffentlicher Belange am Bebauungsplanvorhaben „Auf den Ritten II" beteiligt. In dem 13,6 ha großen Neubaugebiet sollten Flächen für Wohnbebauung und einen größeren Einzelhandelsbetrieb erschlossen werden. Aufgrund der bereits bekannten archäologischen Fundstellen und der Größe des Plangebiets wurden zunächst geophysikalische Prospektionen (Magnetik) beauflagt, die im November 2020 durchgeführt wurden (EV 2021,383). In den Messergebnissen fielen mehrere Anomalien auf, die in gezielten Sondagen der Landesarchäologie von März bis Mai 2021 genauer untersucht wurden (EV 2021,072) [**Abb. 2.6-10**].

Erste Sondagen der Landesarchäologie

Während vier Sondagen im Norden und Westen des Geltungsbereichs nur ein geringes Befundaufkommen zeigten [**Abb. 2.6-9**], kam beim Oberbodenabtrag der südlichsten Fläche ein vollständiges frühmittelalterliches Langschwert (*spatha*) zutage [**Abb. 2.10**]. Die Spatha wurde erst in der Baggerschaufel registriert, da der schwere Lehm bei den Baggerarbeiten teilweise in ganzen Schollen wegbrach [**Abb. 3**]. Dieser Fund deutete stark auf eine Bestattung hin, sodass das Umfeld vorsichtig weiter freigelegt wurde. Tatsächlich kamen dabei mehrere Gräber zum Vorschein, die sich in der geophysikalischen Prospektion nicht abgezeichnet hatten. Der Grund hierfür ist in der Bodenbeschaffenheit des anstehenden Keupers zu suchen. Bei den Grablegen hatte man die Grabgruben ausgehoben und den Bereich anschließend mit dem Aushub verfüllt, sodass sich die Grabgruben in der Magnetik kaum vom umliegenden Erdreich unterschieden.

3
*Welschbillig.
Baufeld.*

Die Lokalisierung der Gräber und die Bestimmung der Größe des Gräberfeldes wurden mithilfe externer Kooperationspartner und nicht-invasiver Methoden durchgeführt. Weitere Gräber konnten von Personen mit einer Nachforschungsgenehmigung mittels der Metallsonde lokalisiert werden. Zudem führte die Universität Trier eine geoelektrische Profiltomographie durch (EV 2021,384). Dabei wurden acht Profile mit je 2 m Abstand auf einer Länge von 44 bis 49 m in Ost-West-Ausrichtung untersucht [Abb. 4]; es konnten Anomalien festgestellt werden, die im Bereich der Profile jedoch eher auf unterschiedliche Lehmeinschwemmungen zurückzuführen waren. Um die Ausdehnung des Bestattungsplatzes zu klären, mussten die Sondagen ausgeweitet werden.

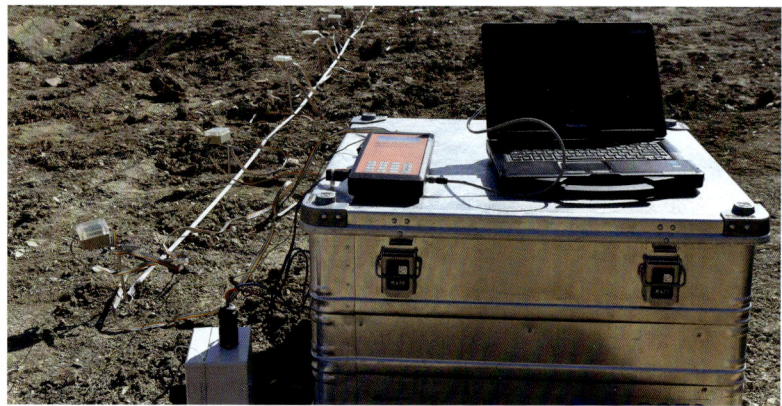

4
Welschbillig.
Geräte für die geoelektrische
Messung der Universität Trier.

Schwerer Boden – schwere Arbeit

Der schwere Keuper machte die Lokalisierung der Gräber sowie deren Freilegung und Bergung zu einem schwierigen Unterfangen. Wegen der Wechselfolge der bunten Tonsedimente setzten sich die Grabgruben farblich nicht deutlich genug vom anstehenden Boden ab. Ebenso wiesen zahlreiche Schwemmschichten den Grabgruben ähnelnde Formen auf. Trotz intensiver Suche mit Metalldetektoren konnten einige Grabbefunde erst lokalisiert werden, als der obere Bereich der Bestattung vom Bagger freigelegt worden war. Bei hohen Niederschlagsmengen sickerte das Regenwasser nicht in den Untergrund ab, während der Boden bei guter Witterung stark austrocknete und das händische Freilegen erschwerte [Abb. 5]. Der Boden bedingte auch die

5
Welschbillig.
Freilegung und Dokumentation
der Befunde.

sehr schlechte Knochenerhaltung, die wiederum Auswirkungen auf die Freilegung und die Bergung der Gräber hatte. Überwiegend waren stark fragmentierte und poröse Langknochen vorhanden. In wenigen Fällen wurden auch Schädelfragmente vorgefunden. Der Großteil der Gebeine war jedoch bereits vergangen. Nichtsdestotrotz kamen aufgrund des Bodenmilieus auch überraschende Erkenntnisse zutage. Neben den herausragenden Metallfunden wurden viele organische Funde beobachtet und *en bloc* geborgen. An einem Grabbefund waren sogar Holzreste eines Sarges oder Totenbrettes erhalten.

Blockbergungen – ein probates Mittel

Wegen der Witterung und des fragilen Erhaltungszustandes durften die hochwertigen Beigaben mit teilweise organischen Resten nicht unmittelbar bei der Feldarbeit aus den Gräbern entnommen werden. Stattdessen wurden mit erhöhtem Aufwand 18 Blockbergungen vorgenommen, die gleichermaßen Kraft, Präzision und Erfahrung erforderten. Bei der Bearbeitung der beiden größten Blockbergungen konnte das Grabungsteam einerseits auf die Hilfe der Restaurierungswerkstatt des RLM Trier und andererseits auf die Zusammenarbeit mit der Gemeinde zurückgreifen. Zunächst wurde das umliegende Erdreich mit Minibagger, Spaten und Spitzhacke abgegraben. Hierbei musste vornehmlich bei den größeren Blockbergungen viel Erdreich abgetragen werden, um einen angemessenen Arbeitsraum zu schaffen. Die Blöcke wurden eingegipst [**Abb. 6**] und nach dem Abbinden untergraben.

6
Welschbillig.
Eingipsen einer großen
Blockbergung.

Mithilfe von Kanthölzern konnten sie durch den Radlader gehoben und verladen werden [**Abb. 7**]. Um das Austrocknen des Sediments zu verhindern, wurden die Unterseiten der Blockbergungen im Anschluss vollständig eingegipst. Der Vorteil der Blockbergungen besteht darin, dass die Funde später ,unter Laborbedingungen' in den Restaurierungswerkstätten des RLM Trier freigelegt werden können [**Abb. 8**].

7
Welschbillig.
Abtransport einer Blockbergung
mit dem Radlader der Gemeinde.

8
Trier.
Freilegung einer Blockbergung
in den Restaurierungswerkstätten
des RLM Trier.

Raubgrabungen – kein Kavaliersdelikt

Leider berichteten Anwohner in Welschbillig mehrmals von Sondengängern, die die Grabungsfläche an den Wochenenden ohne Nachforschungsgenehmigung aufsuchten. Ob es sich dabei um bewusst illegales Handeln oder um ein Hobby in Unwissenheit handelt, sei dahingestellt. Laut Denkmalschutzgesetz ist es eine Ordnungswidrigkeit, ohne Genehmigung Nachforschungen durchzuführen, um Kulturdenkmäler zu entdecken (§ 33 Abs. 1 Satz 12 DSchG RLP). Da Funde, die bei staatlichen Nachforschungen entdeckt werden, laut

§ 20 Abs. 1 DSchG RLP Eigentum des Landes werden, besteht bei der ordnungswidrigen Suche mit Metallsonde zudem der Straftatbestand der Unterschlagung nach § 246 StGB. Für die kulturhistorische Interpretation sind nicht nur die Funde als solche, sondern gerade ihr Befundzusammenhang von Bedeutung. So kann zum Beispiel die Lage von Fibeln (Gewandspangen) im Grab etwas über frühere Trageweisen von Kleidungsbestandteilen und Schmuck verraten. Umso bedauerlicher ist es, wenn Einzelne die Allgemeinheit um dieses kulturelle Erbe bringen. Über die sozialen Medien informierte die Gemeinde die Bevölkerung und bat darum, solche Verstöße an die Polizei zu melden. Bei der archäologischen Dokumentation mussten alternative und teils nicht optimale Vorgehensweisen in Kauf genommen werden, um den Diebstahl von Artefakten zu verhindern. Dem Bauherrn ist es zu verdanken, dass bei anschließenden Untersuchungen eine bessere Überwachung mit Kameras gewährleistet werden konnte.

Befunde der Grabung – erste Erkenntnisse

Auf der Grabungsfläche konnten insgesamt acht Bestattungen einer kleinen Grabgruppe dokumentiert werden. Bemerkenswert ist die Bestattung eines männlichen Individuums (Grab 8) mit einer eisernen Wurfaxt *(francisca)*, einem sehr fragilen Metallobjekt möglicherweise des Gürtelzubehörs, einer Glasschale und drei Keramikgefäßen **[Abb. 9]**. Neben regionaltypischen Gefäßformen findet sich unter den Beigaben Keramik, die für den hiesigen Raum ungewöhnlich ist. Dies wirft die spannende Frage auf, ob diese Objekte zum Beispiel auf veränderte Handelsbeziehungen oder gar auf Mobilität fremder Gruppen schließen lassen. Besondere Beachtung verdient das Grab eines weiblichen Individuums mit reicher Ausstattung (Grab 5).

9
Welschbillig.
Grab 8 in situ.

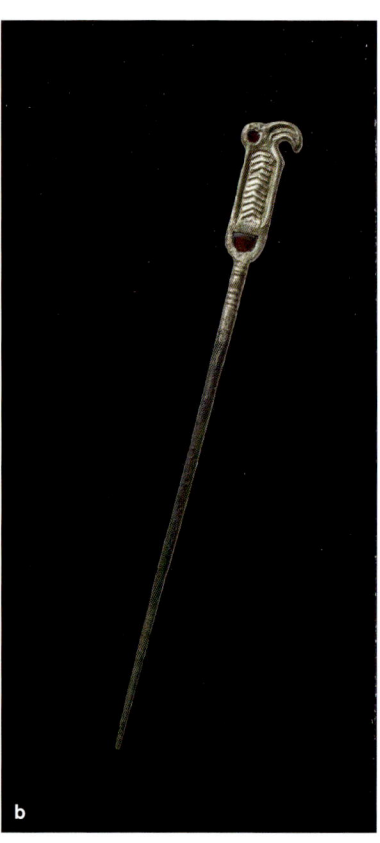

10
Welschbillig.
Nadel mit Darstellung eines
Vogelkopfes aus Grab 5.
a *In Fundlage.*
b *Nach der Restaurierung.*

Neben mehreren Gefäßen aus Buntmetall und einem Glasbecher für eine Trankbeigabe umfasst das Ensemble eine Haarnadel aus vergoldetem Silber mit Vogelkopf (Koch 1968, 43.–Martin 2002, 506-507) [**Abb. 10-11**], Ohrringe mit Polyederkopf, Perlen, zwei goldene Scheibenfibeln, zwei Bügelfibeln, einen silbernen Kolbenarmreif, einen silbernen Fingerring, mehrere Bernsteinanhänger, einen Bergkristallanhänger, einen Kamm aus Bein sowie eine eiserne Flachsbreche. Derzeit werden naturwissenschaftliche Analysen an den Bernsteinobjekten durchgeführt. Anthropologische Untersuchungen der schlecht erhaltenen Skelette werden in Kürze folgen.

Die aufwendige Restaurierung der teils sehr fragilen Objekte bindet viele Personalressourcen und kann nur langfristig beziehungsweise über Drittmittelfinanzierung geschultert werden. Die genaue zeitliche und soziokulturelle Einordnung wird erst nach der vollständigen Restaurierung und wissenschaftlichen Aufarbeitung möglich sein. Allerdings deuten die bislang restauratorisch gesicherten Funde darauf hin, dass die Grabgruppe in das späte 5. und frühe 6. Jahrhundert zu datieren ist. Damit fällt der Bestattungsplatz in die spannende Übergangszeit zwischen dem Ende des Römischen Reiches und dem Beginn der fränkischen Herrschaft.

11
*Welschbillig.
Nadel mit Darstellung
eines Vogelkopfes aus Grab 5.
Detail.*

Ausblick

Aufgrund verschiedener Faktoren sind seit Kurt Böhners Zeiten nur wenige Gräberfelder des Frühmittelalters im Trierer Bezirk ausgegraben und wissenschaftlich ausgewertet worden. Dokumentationstechniken und Restaurierungsarbeiten nach modernem Standard sowie naturwissenschaftliche Analysen bieten heutzutage mehr Erkenntnismöglichkeiten, als dies noch in der ersten Hälfte des 20. Jahrhunderts der Fall war. Für die Forschung birgt die Auswertung der Welschbilliger Gräber demnach großes Potenzial. Nach Westen setzt sich der Bestattungsplatz fort, der durch weitere Ausgrabungen der Direktion Landesarchäologie, Außenstelle Trier, bis Ende Juli 2022 untersucht wurde (EV 2021,289; EV 2022,112). Der Bestand an Befunden und Funden ist demnach weiter angewachsen; diese Fundstelle stellt somit eine ergiebige Quelle für ein größeres Forschungsprojekt dar. Für das RLM Trier, die Landesarchäologie und die Gemeinde Welschbillig ist es eine Freude, dass zwei der Bestattungen bei der großen Landesausstellung „Der Untergang des Römischen Reiches" vom 25. Juni bis 27. November 2022 im RLM Trier der Öffentlichkeit präsentiert werden können.

Die wissenschaftliche Grabungsleitung lag bei Lars Blöck und Ferdinand Heimerl, die technische Grabungsleitung bei Marina Apatsidis. Für die gute Zusammenarbeit danken wir Joachim Marbach und Hermann Schmitz von der Eifel-Haus GmbH, Trier, dem Welschbilliger Ortsbürgermeister Dieter Bretz und den beteiligten Gemeindemitarbeitern. Die Magnetikprospektion wurde von der Firma geoFact GmbH, Bonn, durchgeführt. Für die kurzfristig vorgenommene geoelektrische Prospektion danken wir Dr. Oscar Baeza-Urrea und Yannick Hausener vom Fach Geologie der Universität Trier. Die Bernsteinobjekte werden derzeit von Dr. Tobias Häger an der Johannes-Gutenberg-Universität Mainz untersucht. Ausgewählte Metallobjekte wurden von Detlef Bach, Winterbach, restauriert. Im Feld durften wir auf die Mitarbeit von Harald Gödert (im Rahmen der Nachforschungsgenehmigung) zählen. Unser abschließender Dank gilt allen beteiligten Kolleginnen und Kollegen der Landesarchäologie Trier und der Restaurierungswerkstätten des RLM Trier für ihren großen Einsatz unter herausfordernden Bedingungen.

Literatur

K. Ackenheil/M. Neyses-Eiden, Rheinisches Landesmuseum Trier. Kurzführer. Schriftenreihe des Rheinischen Landesmuseums Trier 43 (Trier 2020). – H. H. Anton, Trier im frühen Mittelalter. Quellen und Forschungen aus dem Gebiet der Geschichte, Neue Folge 9 (Paderborn 1987). – K. Böhner, Die fränkischen Altertümer des Trierer Landes. Germanische Denkmäler der Völkerwanderungszeit B1 (Berlin 1958). – K. Böhner, Die Besiedlung der südwestlichen Eifel im frühen Mittelalter. In: Führer zu vor- und frühgeschichtlichen Denkmälern 33. Südwestliche Eifel: Bitburg, Prüm, Daun, Wittlich (Mainz 1977) 73-92. – M. Buchmüller-Bach, Siedlungsnamen zwischen Spätantike und frühem Mittelalter. Die -(i)acum-Namen der römischen Provinz Belgica Prima. Beihefte zur Zeitschrift für romanische Philologie 225 (Tübingen 1990). – H. Cüppers, Die Römer in Rheinland-Pfalz (Stuttgart 1990). – R. Eufe, Die Personennamen auf den merowingischen Monetarmünzen als Spiegel der romanisch-germanischen Sprachsynthese im Frankenreich. In: Die merowingischen Monetarmünzen. Historische, numismatische und philologische Untersuchungen auf Grundlage des Bestandes im Münzkabinett der Staatlichen Museen zu Berlin. Hrsg. von A. Greule u. a. (in Vorb.). https://epub.uni-regensburg.de/30925/ [08.04.2022]. – E. Ewig, Trier im Merowingerreich. Civitas, Stadt, Bistum (Trier 1954). – K.-J. Gilles, Neuere Untersuchungen an der Langmauer bei Trier. In: Festschrift für Günter Smolla. Hrsg. von F.-R. Herrmann. Materialien zur Vor- und Frühgeschichte in Hessen 8 (Wiesbaden 1999) 245-258. – M. Gysseling, Toponymisch woordenboek van Belgie, Nederland, Luxemburg, Noord-Frankrijk en West-Duitsland (vóór 1226). N-Z. Bouwstoffen en studien voor de geschiedenis en de lexicografie van het Nederlands 6,2 (Gent 1960). – F. Heimerl, Das römische Beda/Bitburg. Kaiserzeitlicher vicus, spätantike Befestigung und Bestattungen. Trierer Zeitschrift, Beiheft 39 (Wiesbaden 2021). – F. Heimerl/T. Lang/S. D. Schmitz, Der Verlauf der spätantiken Langmauer in der Vulkaneifel. Ein Vergleich historischer Kartierungen mit aktuellen Laserscandaten. Funde und Ausgrabungen im Bezirk Trier 48, 2016, 40-51. – F. Hettner, Römisches Bassin mit Hermengeländer in Welschbillig. Westdeutsche Zeitschrift für Geschichte und Kunst 12, 1893, 18-37. – F. Irsigler, Das Stadtprivileg für Welschbillig 1291 im Rahmen der Geschichte des Ortes von der Spätantike bis zur Frühen Neuzeit. Kurtrierisches Jahrbuch 57, 2017, 91-115. – U. Koch, Die Grabfunde der Merowingerzeit aus dem Donautal um Regensburg. Germanische Denkmäler der Völkerwanderungszeit A10 (Berlin 1968). – H. Koethe, Die Hermen von Welschbillig. Jahrbuch des Deutschen Archäologischen Instituts 50, 1935, 198-237. – J. Krier, Eine römische Inschrift aus Mertert und der Vicus Suromagus. Archaeologia Luxemburgensis 3, 2016, 77-95. – M. Martin, Nadeln. [§ 5 Völkerwanderungs- und Merowingerzeit.] Reallexikon der germanischen Altertumskunde 20 (Berlin 2002) 505-514. – F. Pauly, Siedlungen und Pfarrorganisation im alten Erzbistum Trier. Das Landkapitel Kyllburg-Bitburg. Veröffentlichungen des Bistumsarchivs Trier 8 (Trier 1963). – R. Sindou, Billy et noms de lieu congénères. Nouvelle revue d'onomastique 9-10, 1987, 27-37. – J. Steinhausen, Zur Vor- und Frühgeschichte Welschbilligs. Trierer Heimatbuch 1925, 273-310. – J. Steinhausen, Ortskunde Trier-Mettendorf. Archäologische Karte der Rheinprovinz 1,1 (Bonn 1932). – Trier – Kaiserresidenz und Bischofssitz. Die Stadt in spätantiker und frühchristlicher Zeit. Ausstellungskatalog, Rheinisches Landesmuseum Trier (Mainz 1984). – E. Wackenroder, Die Kunstdenkmäler des Landkreises Trier. Die Kunstdenkmäler der Rheinprovinz 15,2 (Düsseldorf 1936). – E. Wegner, Kulturdenkmäler in Rheinland-Pfalz 12.2. Kreis Trier-Saarburg (Worms 1994). – H. Wrede, Die spätantike Hermengalerie von Welschbillig. Untersuchung zur Kunsttradition im 4. Jahrhundert n. Chr. und zur allgemeinen Bedeutung des antiken Hermenmals. Römisch-Germanische Forschungen 32 (Berlin 1972).

Abbildungsnachweis

Abb. 1; 3-7; 9   F. Heimerl, Direktion Landesarchäologie, Außenstelle Trier (GDKE), Digitalfotos.

Abb. 2   Grafik: F. Heimerl, Direktion Landesarchäologie, Außenstelle Trier (GDKE)/Schummerung: ©GeoBasis-DE/LVermGeoRP2022 [Daten bearbeitet]/Hermenweiher und Burg: RLM Trier, Plan B1354/Stadtmauer und Kirche nach: Wegner 1994, 371/vermutete Altstraßen nach: Steinhausen 1932 Beil. I.1.e.

Abb. 10-11   Th. Zühmer, RLM Trier, Digitalfotos.

Carl Friedrich Quednows altertumskundliche Verbindungen mit Goethes Weimar und Jena

Ronny Teuscher

*„Quednow in Trier hat mir die Perle
seiner dortigen Entdeckungen geschickt"*
(Wahl 1915/18 Nr. 762).

Im Subskribenten-Verzeichnis zu Carl Friedrich Quednows 1820 erschienener „Beschreibung der Alterthümer in Trier und dessen Umgebungen" findet sich der Großherzog von Sachsen-Weimar mit gleich sechs Exemplaren, so viel, wie sonst keiner der Subskribenten pränumerierte. Die Antwort auf die Frage, warum gerade der Fürst des zwar literarisch ‚klassischen', aber doch weit entfernt von den ehemaligen Grenzen der römischen Provinzen liegenden Weimar seine Bibliotheken mit diesem damaligen Standardwerk versorgte, ist vielschichtig.

Die Verbindung Weimars mit dem Trier der Römerzeit ist wohl am besten bekannt durch Goethes autobiographisches Werk „Campagne in Frankreich" (1822). Auf dem Feldzug gegen das revolutionäre Frankreich 1792 hatte Goethe ‚seinen' Herzog Carl August begleitet und am 24. August erstmals die Römerbauten Triers besucht. Auf dem Rückzug der Armee, am 29. Oktober, wurde Goethe von Johann Hugo Wyttenbach, der in späteren Jahren wichtige Impulse für die frühe Erforschung der römischen Altertümer leistete, durch Trier geführt. Um seine Erinnerungen an Trier für die 30 Jahre später niedergeschriebene „Campagne in Frankreich" aufzufrischen, entlieh Goethe auch das nun in der Großherzoglichen Bibliothek vorhandene Quednowsche Werk. Und als er auf Bitte des Bonner Oberbergrates Jacob Noeggerath für die gerade unter der Druckerpresse befindliche Beschreibung der Igeler Säule von Carl Osterwald ein Vorwort verfasste, nahm Goethe Quednows „Alterthümer in Trier und Umgebung" erneut zum Selbststudium hervor. Kaum bekannt ist, dass Goethe in dieser Phase des sich konstituierenden Faches der Archäologie einen nicht unwesentlichen Beitrag dazu leistete. Sein Wort hatte Gewicht im pränationalen Deutschland, und viele Forscher erhofften sich, durch ein Vorwort von Goethe, eine gute Rezension in der von Goethe herausgegebenen Zeitschrift „Kunst und Alterthum" oder allein durch einen sie in ihren Forschungen bestätigenden Brief aus Weimar die Reputation zu erhalten, die ihnen auch die finanziellen Mittel ihrer Regierungen erschloss (Teuscher 2019).

Der Kontakt zwischen Quednow, dem preußischen Regierungs- und Baurat in Trier, und dem Weimarer Großherzog Carl August ist aber nicht das Verdienst Goethes, sondern wohl allein der Persönlichkeit des Großherzogs zu verdanken. Doch der Dichterfürst in Weimar und die angesehenen Philologen der Gesamtuniversität in Jena – darunter Ferdinand Gotthelf Hand, der gerade im Sommersemester 1818 eine Vorlesung über Archäologie hielt (Teuscher 2019, 120) – bildeten bei diesem Kontakt den altertumskundigen Rahmen. In Goethes Registratur ist unter dem Titel „Bestimmung antiker Kunstwerke aus Trier" die Abschrift eines Briefes von Quednow an Carl August vom 29. August 1820 überliefert (GSA, Sign. 30/290):

„Durchlauchtigster Großherzog,
Gnädigster Herr!

Ew. Königl[iche] Hoheit wollen geruhen, die unterthänigst beigeschlossene Darstellung der Alterthümer in Trier und dessen Umgebungen aus der gallisch-belgischen und römischen Periode mit jener Gnade und Nachsicht aufzunehmen, welche Ew. Königl[iche] Hoheit einem muthigen Versuche und einem regen Streben für das Gute und Schöne [nicht] versagen. Für die Abschrift der Inschrift des Denksteins, welche im Amphitheater gefunden wurde und die Ew. Königl[iche] Hoheit von hier mitzunehmen die Gnade hatten, muß ein Schreibfehler eingeschlichen seyn, indem in der <u>*zweiten*</u> *Zeile statt RIORVM – PIORVM darin gestanden haben muß; daher dann auch die Ausleger in Jena und Dresden, den Sinn gar nicht, oder doch nur mit Mühe herausbringen konnten. Die Jena[ische] Auslegung, worin der Schreibfehler entdeckt worden ist, stimmt mit der in meinem Werke angegebenen im Wesentlichen überein. Ich halte es für zweckmäßig[,] in dem Supplementband, welchen ich über die Römischen Alterthümer folgen zu lassen gedenke, die Jenaische Auslegung mit aufzunehmen, indem sie den Lesern willkommen seyn wird. Ich bin so glücklich gewesen, eins der vorzüglichsten Alterthumsstücke – einen Römischen Helm, auf welchem die Thaten des Herkules vorgestellt sind – zu erhalten; indem Ew. Königl[icher] Hoheit ich denselben unterthänigst überreiche, bitte ich, ihn gnädigst aufnehmen und ein Plätzchen unter andern Römischen Alterthümern einnehmen lassen zu wollen.*
Zwanzig zwischen Merzig und Si[e]rk in einem Walde aufgefundene Grabhügel hoffe ich[,] noch in diesem Herbste größtentheils aufdecken zu lassen. Mit den hiesigen Ausgrabungen geht es jetzt zwar schwach, doch thut man das Möglichste; hoffentlich werden wir bald einen bestimmten Fonds zur Unterhaltung und weitern Ausgrabung derselben erhalten.

Mit tiefster Verehrung bin ich
Ew. Königl[ichen] Hoheit
Trier den 29ten August 1820
unterthänigster Quednow".

Carl August lernte Quednow wohl im Juni 1818 kennen, als der Großherzog von der Kur in Bad Ems über Koblenz, Trier, Mannheim und Darmstadt zurück nach Weimar reiste (Wahl 1915/18 Nr. 641). Die Schatullrechnung über die Reise nach Bad Ems belegt die Anwesenheit in Trier für den 9. Juni 1818 und auch Ausgaben für drei Kutschen beim „Herumfahren und Besehen der Alterthümer" (Hauptstaatsarchiv Weimar, A 1346, Bl. 136; 141). Die im Brief erwähnte Abschrift des römischen „Denksteins", – ein Weihealtar des Kollegiums der Trierer Arenakämpfer für den Genius arenariorum – aus dem Amphitheater (CSIR Deutschland IV.3 Nr. 90) wurde unter anderem vom Jenaer Philologen Heinrich Karl Abraham Eichstädt (1772-1848) zur Eröffnung der Wintervorlesungen 1819 gedeutet und in Form einer kleinen Schrift publiziert (Eichstädt 1819). Die erwähnte Dresdener Auslegung der Inschrift stammt von Karl August Böttiger, dem Oberinspektor der Königlichen Altertumsmuseen, und hat sich als Handschrift in Goethes privatem Exemplar der Programmschrift Eichstädts erhalten (Ruppert 1958 Nr. 2036).

Quednow habe ihm „die Perle seiner dortigen Entdeckungen geschickt, einen Römischen Helm von Erz, auf welchen die Thaten des Hercules gebildet sind", meldete Carl August schließlich am 11. September 1820 an Goethe (Wahl 1915/18 Nr. 762). Quednows großzügiges Geschenk stiftete der Großherzog dem Altertümerkabinett der Weimarer Bibliothek (Meier 2003 Nr. 554). Der altertumskundlich umtriebige Weimarer Bibliothekar und Räuberromanschriftsteller Christian August Vulpius veröffentlichte den Helm noch im gleichen Jahr in seiner Zeitschrift „Curiositäten der physisch-litcrarisch-artistisch-historischen Vor- und Mitwelt" (Vulpius 1820, 382-385). Eine weitere Darstellung findet sich in Quednows ungedruckten Supplementen zu den Trierer Altertümern (Quednow 1829, 194-195 Taf. XXI).

1

„Römischer Helm von Erz"
in der Sammlung Quednow.
a *Stich bei Vulpius,*
Curiositäten 1820.
b *Lithographie bei Quednow,*
Supplemente.

An diesen Abbildungen ist aber zu erkennen, dass es sich nicht um einen antik-römischen Paradehelm handelt, wie man der Beschreibung nach hätte vermuten können, sondern um einen frühneuzeitlichen Birnhelm (Cabasset) des ausgehenden 16. Jahrhunderts **[Abb. 1]**. Dennoch ist auch dieser für die Archäologie nicht uninteressant, stammt er doch aus dem Besitz des für seine Sammlung römischer Denkmäler bekannten Grafen von Manderscheid-Blankenheim (1535-1604) in der Eifel (Faust 1995, 369 f. Kat. A54), dessen Sammlung durch ein Forschungsprojekt des Archäologischen Institutes der Universität Köln erst jüngst rekonstruiert wurde (Noelke/Hanel/Pauly 2021).

Am 15. Januar 1821 berichtete Quednow von seinen neuen Ausgrabungen bei Kastel an der Saar abermals nach Weimar. Den Brief leitete der Großherzog schließlich an Goethe weiter (Wahl 1915/18, 309).

Im Jahr 1824 wandte sich Quednow erneut mit einer Bitte an die Philologen der Universität Jena, ihm bei der Entschlüsselung der Deutung zweier Meilensteine der Römerstraße Trier–Köln zu helfen (Wahl 1915/18, 364), die 1823 unweit Bitburg im Nattenheimer Wald gefunden worden waren (Hettner 1893 Nr. 6-7). Goethe vermittelte daraufhin den Kontakt nochmals an die Jenaer Universität (Goethe, WA IV 38 Nr. 145; 148) **[Abb. 2]**. Auf der Reise nach Gent hatte der Großherzog Carl August wiederholt Ausgrabungen Quednows beigewohnt und wohl noch in Trier folgenden, auf den 23. Mai 1824 datierten Brief des unermüdlichen Ausgräbers erhalten (GSA, Sign. 30/290):

2
Ausschnitt aus dem Brief
Goethes vom 12. Juni 1824
an H. C. A. Eichstädt:
„[…] mit Bitte um baldige gefällige
Erwiederung. Damit die dortigen
Alterthumsfreunde besonders
H[err] Quedno [sic!] für die
unserm gnädigsten Herren
bewiesenen Aufmerksamkeiten
auch von unserer Seite eine
dankbare Freundlichkeit
zunächst erfahren möge.“

„Die Zeichnungen und Inschriften der jetzt in der alten Römerstraße von hier nach Cöln [gefundenen Denkmäler] sind noch nicht dem Publico bekannt; ich habe die Abbildungen in der Geschwindigkeit hier lytographiern laßen, um Ew: Königliche Hoheit einige Exemplare davon unterthänigst überreichen zu können. Die richtige Erklärung der Inschriften ist für die alte Geschichte des hiesigen Landes wichtig, und da mein Bestreben dahin geht, eine solche aus aufgefundenen und noch zu findenden mit Inschriften versehenen Denkmalen zusammen zu tragen, so würde ich es gern sehen[,] wenn die Universität zu Jena meine Ergänzungen der Inschriften entweder bestätigte, oder richtigere geben wollte: denn die Ergänzung der Inschrift des im Amphitheater gefundenen Steins von der Universität zu Jena, ist nach manchem Streit, doch für die richtigere erkannt worden, und giebt uns den sicheren Beweis, daß Trier wie von Augustus angelegt Colonie-Stadt war und mit einem Amphitheater versehen gewesen ist.

Ich erdreiste mich, Ew: Königliche Hoheit einige Alterthümer aus meiner Sammlung beigehend unterthänigst zu überreichen: als einen Genius von Bronze, aus der guten Zeit, in Castell an der Saar gefunden, einen Schreibgriffel von Eilfenbein, eine Haarnadel von Bronze, [beide] aus Alt-Trier, eine Opferschaale und zwei Spangen zur Befestigung der Toga auf den Schultern in Grabhügeln bei Bittburg gefunden, zwei Münzen, welche bei dem Abgraben eines Berges in meinem Garten am Amphitheater gestern, also bei der Anwesenheit Ew: Königl[icher] Hoheit, hier in Trier gefunden wurden, die eine ist von Constantin dem Großen und die andere von Constantius“.

3
Nattenheim.
Römische Meilensteine von
der Straße Trier–Köln.
Lithographie bei Quednow,
Supplemente.

Die von Quednow beigegebenen Abbildungen der Meilensteine sind von Christoph Hawich signiert (GSA, Sign. 30/290) **[Abb. 3]**. Quednows Kleinfunde, und vor allem der vermeintlich römische Helm, finden sich erstaunlicherweise nicht im von Vulpius angelegten „Repertorium ueber das Grossherzogliche Kunstcabinet" der Weimarer Bibliothek. Auch sonst verliert sich in Weimar jede Spur davon. Dies kann aber auch daran liegen, dass die Funde – bis auf den Helm – zu unspezifisch beschrieben wurden. Wahrscheinlich ist der Helm aber identisch mit einem italienischen Birnhelm aus dem dritten Viertel des 16. Jahrhunderts im Deutschen Historischen Museum Berlin (Müller/Kunter 1984 Nr. 119), der verglichen mit den Abbildungen bei Vulpius und Quednow eine exakte, in feiner Treibarbeit gefertigte Darstellung von Hercules' Kampf mit dem Nemeischen Löwen und der Hydra zeigt. Der Helm gehörte bereits vor 1876 zur Sammlung des Preußischen Prinzen Carl (Hiltl 1876, 163 Nr. 999).

Literatur

W. Binsfeld/K. Goethert-Polaschek/L. Schwinden, Katalog der römischen Steindenk-mäler des Rheinischen Landesmuseums Trier 1. Götter- und Weihedenkmäler. Trierer Grabungen und Forschungen 12,1 (Mainz 1988). – H. K. A. Eichstädt, Inscriptio are-naria Treveris nuper reperta. Indicendis in academia Jenensi scholis hibernis nunc primum edidit (Jena 1819). – S. Faust, Carl Friedrich Quednow (1780-1836) und sei-ne Privatsammlung. Trierer Zeitschrift 58, 1995, 335-424. – Goethes Werke. Hrsg. im Auftrage der Großherzogin Sophie von Sachsen (Weimarer Ausgabe) IV 38 (Weimar 1906). – F. Hettner, Die römischen Steindenkmäler des Provinzialmuseums zu Trier (Trier 1893). – G. Hiltl, Waffen-Sammlung sr. Königlichen Hoheit des Prinzen Carl von Preussen. Mittelalterliche Abtheilung (Berlin 1876). – Christian August Vulpius. Eine Korrespondenz zur Kulturgeschichte der Goethezeit. Hrsg. von A. Meier (Berlin 2003). – H. Müller/F. Kunter, Europäische Helme aus der Sammlung des Museums für Deutsche Geschichte (Berlin 1984). – P. Noelke/N. Hanel/P. Pauly, Die Antiken der Grafen von Manderscheid-Blankenheim. Bonner Jahrbücher, Beihefte 60 (Darmstadt 2021). – C. F. Quednow, Beschreibung der Alterthümer in Trier und dessen Umgebungen aus der gallisch-belgischen und römischen Periode (Trier 1820). – C. F. Quednow, Beschrei-bung der Alterthümer in Trier und dessen Umgebungen aus der vorrömischen und römischen Periode (Ungedr. Supplemente 1829). RLM Trier, Bibliothek, Hs. G 5. – H. Ruppert, Goethes Bibliothek. Katalog (Weimar 1958). – R. Teuscher, „Eine unschuldige Liebhaberey". Ausgrabungsfunde aus Goethes Besitz (Bucha bei Jena 2019). – H. Wahl, Briefwechsel des Herzogs-Großherzogs Carl August mit Goethe (Berlin 1915/18). – Ch. A. Vulpius, Zwei merkwürdige antike Helme. Curiositäten der physisch-literarisch-artistisch-historischen Vor- und Mitwelt 8, 1820, 379-385.

Abkürzung

GSA   Goethe- und Schiller-Archiv, Klassik-Stiftung Weimar.

Abbildungsnachweis

Abb. 1 a nach: Vulpius 1820 Taf. 11. **b** nach: Quednow 1829 Taf. XXI. RLM Trier,
         Foto E 1988.100/13.

Abb. 2 GSA, Sign. 30/290.

Abb. 3 nach: Quednow 1829 Taf. VIII. RLM Trier, Foto E 1988.100/1.

Jürgen Merten **Exlibris des 20. Jahrhunderts
in der Bibliothek des
Rheinischen Landesmuseums Trier**

*„Doch noch bezeugt mein Bücherzeichen,
[…] mein einstig Recht"*
(Friedrich Koepp).

Bis zum späten 19. Jahrhundert dienen Exlibris insbesondere der Be-
sitzkennzeichnung, das künstlerische Element tritt noch deutlich
zurück. Demgegenüber führt seit kurz vor der Wende zum 20. Jahrhundert die neue Richtung des Jugendstils mit seinen dekorativen Ge-
staltungselementen zum Aufschwung der Gebrauchsgrafik und damit
zu einer außergewöhnlichen Blüte und nachhaltigen Beliebtheit des
Exlibris. Neben den eigentlichen Zweck des Eigentumsvermerks tritt
nun, zunehmend und mitunter sogar dominierend, das Exlibris als
Sammelobjekt. Damit lässt sich eine doppelte Funktion beobachten:
Die ursprüngliche Aufgabe des Gebrauchsexlibris als das unmittelbar
an das Objekt gebundene Bucheignerzeichen wird ergänzt durch das
unabhängig von dieser Zweckbindung für Sammel- und Tauschzwecke
konzipierte Luxusexlibris in Gestalt originaler grafischer Kleinkunst,
bei dem besonderer Wert auf den Bildschmuck gelegt wird.

Im Vorjahr wurden an dieser Stelle Exlibris des 18. und 19. Jahrhunderts in der Trierer Museumsbibliothek als frühe Beispiele dieser
Gattung der grafischen Kleinkunst im Kontext ihrer Überlieferung
dargestellt (Merten 2020).

Die Sammlung besteht insgesamt aus mehr als hundert verschiedenen Objekten, die nach wie vor in ihren Büchern verblieben sind.
Dazu kommt eine kleine Zahl von Einzelblättern, die als Sammelstü-
cke an sich aufbewahrt werden, also nicht im Zusammenhang mit einem bestimmten Buch stehen. In Fortsetzung der bereits vorgelegten
Beispiele aus dem Klassizismus und Historismus (Nr. 1-13) wird nachfolgend eine Auswahl insbesondere wissenschaftsgeschichtlich bemer-
kenswerter Exlibris von kurz vor 1900 bis in die Mitte des 20. Jahrhunderts in zeitlicher Folge vorgestellt (Nr. 14-26). Danach bleiben Exlibris
bei Buchliebhabern zwar weiterhin in Gebrauch, auch sind Motive mit
Bezügen zur eigenen Biographie entsprechend beliebt, doch lässt der
künstlerische Anspruch oft erkennbar nach.

14 Ex Libris / MARTIN FLERSHEIM.

Der lapidare Text mit der Exlibrisformel in Fraktur sowie dem Vor- und Nachnamen des Eigners in Versalien einer Konturenschrift erscheint auf den Stufen einer Treppe. Das Bildmotiv zeigt eine sitzende Frau im Chiton in der Säulenvorhalle eines antiken Tempels. Unantik ist nicht nur die Körperhaltung mit gedrehtem Kopf, sondern auch das geöffnete Buch in der Linken (wo man statt des Codex eine Buchrolle erwarten würde). In der Rechten hält die wohl als Priesterin oder Orakelmedium gedachte Gestalt eine brennende Feuerschale. Ihr Blick ist auf den nahegelegenen Hafen gerichtet, wo unter der Sonne zwei Schiffe unter Segel sowie ein beladenes Pferdefuhrwerk mit einem Wagenknecht zu erkennen sind.

14

Exlibris für Martin Flersheim von Hans Thoma.
Algraphie, 89 x 81 (81 x 73) mm. 1896.

RLM Trier, Bibliothek, LS KunG 252-5 (1991/285).

Martin Flersheim (1856-1935) war ein jüdischer Kaufmann in Frankfurt a. M. und eine einflussreiche Persönlichkeit in der dortigen Kulturszene. Er gilt als bedeutender Kunstfreund und -förderer, der selbst eine umfangreiche Sammlung von Werken vor allem zeitgenössischer Künstler besaß. Insofern nimmt das Exlibris Bezug auf seine konkrete Person: Der erfolgreiche Kaufmann, der sich für die Kunst interessiert und über die finanziellen Mittel verfügt, um als Mäzen tätig zu werden. Flersheim verstarb 1935, bevor er seine dringlich gewordenen Pläne zur Emigration aus dem nationalsozialistischen Deutschland verwirklichen konnte. Seine Frau und der Sohn konnten auf der Flucht einen Teil der Kunstwerke und der Bibliothek zunächst nach Amsterdam evakuieren, dort gingen aber große Teile im Laufe des Krieges verloren (Bauer 2016, 9; 31; 38-40; 68. – Schembs 2007, 55-56).

Auf dem Vorderdeckel des Bucheinbandes in der Hand der das Bildmotiv dominierenden Frauengestalt hat der Künstler – kaum erkennbar – seine Signatur und das Jahr der Entstehung angebracht: „T 96". Es handelt sich um den bekannten Münchner Maler Hans Thoma (1839-1924), der dieses Werk 1896 unter Verwendung des damals neuen Flachdruckverfahrens der Algraphie geschaffen hat (Böhm 1958 14; 45 Nr. 5). Es stellt eine der frühesten Exlibrisarbeiten von Thoma dar, der zahlreiche dieser Kunstwerke im Kleinformat für Personen seines Umfeldes kreiert hat. Damit wird anhand dieses Beispiels eine neue Form anspruchsvoller, von bekannten Künstlern gestalteter grafischer Werke der Druckkunst erkennbar, die in den ersten Jahrzehnten des 20. Jahrhunderts unter dem Einfluss des Jugendstils zu einer neuen Blüte der Exlibriskunst führt.

Das Exlibris ist angebracht im 5. Band des von Hans Wolfgang Singer herausgegebenen *Allgemeinen Künstler-Lexicons. Leben und Werke der berühmtesten bildenden Künstler* (Frankfurt a. M. 1901), das 1991 antiquarisch erworben wurde.

In einer Parallelüberlieferung ist dieses Exlibris – als Sammelexemplar – im Gutenberg-Museum Mainz vorhanden (Gutenberg I 11533. – Gutenberg 1987, 70; 73 Abb. 36; 145. – Gutenberg 1990, 419 Nr. 17), aber auch andernorts überliefert (Gutenberg 2003, 104).

15 Ex LiBRiS / FRiEDRiCH KoEPP

Das Bild zeigt den Schreibtisch eines Gelehrten mit einem liegenden und fünf stehenden Folianten sowie der antikisierenden Büste eines jungen Mannes, davor ein leeres Blatt sowie ein Tintenfass mit Gänsekiel. Ein zur Seite geschobener Vorhang gibt den Blick auf eine hügelige Flusslandschaft frei – wohl den Rhein mit dem Siebengebirge nahe Bonn, wo Koepp sein Studium begonnen hatte. Das Bild ist umrahmt von wildem Weinlaub.

Das Motiv findet vielfältige Entsprechungen in der Biographie des Exlibriseigners: Friedrich Koepp (1860-1944) war Altphilologe und Klassischer Archäologe. Als Geschäftsführer der Westfälischen Altertumskommission leitete er ab 1899 die Ausgrabung des sogenannten Römerlagers in Haltern (Westfalen). Von 1916 bis 1925 war er Direktor der Römisch-Germanischen Kommission in Frankfurt a. M. (Schnurbein 2001).

Geschaffen wurde das Exlibris ausweislich der auf dem Wappenschild am unteren Bildrand angebrachten Künstlersignatur 1899 von der Malerin „M[artha] Koepp-Susemihl" (1872-1936), Koepps Ehefrau, mit der er ab dem gleichen Jahr verheiratet war.

Das Exlibris befindet sich in Koepps Handexemplar des *Illustrierten Führers durch das Provinzialmuseum in Trier* von Felix Hettner (Trier 1903), das 1937 von einem Leipziger Antiquariat angekauft wurde. Zu diesem Zeitpunkt war Koepp schon über zehn Jahre im Ruhestand und nach Göttingen übergesiedelt; offenbar hat er sich damals zumindest von einem Teil seiner Privatbibliothek getrennt.

Das Exlibris Koepps schmückt auch Einband und Titelblatt eines 2007 von der Stadtbücherei Haltern durch Bernhard Köster herausgegebenen, bibliophil ausgestatteten Bandes. Unter dem Titel *Valete libelli* enthält es einen von Koepp kurz vor seinem Tod in lyrischer Form verfassten *Abschiedsgruss an meine geliebten Bücher*, begleitet von einem Lebensbild Koepps und umfangreichen Erläuterungen des Herausgebers (Koepp 2007; zum Exlibris 87; 126). Die Verse Koepps beleuchten nicht nur in Bezug auf seine Person die Beziehung des Gelehrten zum Buch, sondern verweisen in Zeile 9-10 auf sein eigenes Exlibris und erhellen damit auch den Gegenstand der vorliegenden Abhandlung:

*Von meinen Büchern will ich sprechen,
Wie man von toten Freunden spricht.
Sie leben freilich, manche wohl noch lang;
Gestorben bin nur ich – für sie,
Weil ich sie nicht mehr lesen kann.
Ein Teil steht noch um mich herum – nur stumm,
Wenn fremder Mund sie nicht zu reden zwingt;
Der größte Teil ist in der Welt verstreut,
Doch noch bezeugt mein Bücherzeichen,
Das liebe Hand mir schuf, mein einstig Recht.*

Von derselben Künstlerin, signiert mit „MKS 1904", ist in der Trierer Museumsbibliothek ein weiteres Exlibris überliefert. Es zeigt zwei junge Frauen sitzend unter einem Baum. Während die rechte Person sich zwei Kindern zuwendet, blickt die linke, ein aufgeschlagenes Buch haltend, in eine hügelige Flusslandschaft. Der Schriftzug „EX LIBRIS L. KOEPP" bezieht sich wohl auf eine ihrer Schwägerinnen Laura (1858-1929) oder Lina (1861 - ca. 1930er Jahre) Koepp (Weblink 1).

16 EX LiBRiS / MAX DREGER

Das Bildmotiv im Jugendstil zeigt eine nach links in die Ferne blickende junge Frau im Profil, als Halbfigur, mit goldenem Heiligenschein, der oben über den sie umgebenden Rahmen hinausreicht. Die Hände sind auf Griff und Angel eines Schwertes gestützt. Das in Locken endende mittellange dunkle Haar wird von einem schmalen Reif gehalten, an dem im Bereich des Hinterkopfes ein umwehendes langes Band befestigt ist. Über dem Gewand ist eine Panzerung angedeutet. Die genannten Attribute deuten auf Jeanne d'Arc (auch Johanna von Orléans, 1412-1431), die im Hundertjährigen Krieg wesentlichen Anteil am Sieg des späteren Königs Karl VII. über die Engländer hatte. Seit dem 19. Jahrhundert gilt sie als französische Nationalheilige (LCI VII 73-78).

Der Eigner des Exlibris ist der deutsche Oberingenieur Dr. Ing. h. c. und Major d. R. Max Dreger (1852-1927), ein innovativer Spezialist für Artillerietechnik und auf diesem Gebiet Konstruktionsdirektor des Schwerindustrie-Unternehmens Friedr. Krupp AG in Essen. Er hatte vielseitige Interessen an historischer Waffenkunde und Militärgeschichte und ist auch bekannt als Sammler historischer Waffen und Verfasser einer auf der eigenen Sammlung beruhenden Waffensystematik (Dreger 1926. – Weblink 2).

Diese biographischen Hinweise erlauben den Schluss, dass der Heiligenschein wohl weniger einen religiösen Bezug hat, sondern die kriegerische Jungfrau mit ihren Waffenattributen eher eine Affinität zu Beruf und Interessen des Exlibriseigners aufweist.

Das Blatt wird in das Jahr 1905 datiert (Gutenberg II 35108). Wenn die Deutung der jungen Frau als Jeanne d'Arc zutrifft, wäre hier ihr 1920 mit der Heiligsprechung endender Kanonisierungsprozess künstlerisch vorweggenommen. Die Signatur „K. Ochs" verweist auf die Frankfurter Malerin und Grafikerin Kathinka Ochs (1863-1933), von der weitere Exlibrisentwürfe überliefert sind (Gutenberg II).

Das Exlibris ist enthalten in einem 1999 im Antiquariatsbuchhandel erworbenen *Catalogo del R. Museo Nazionale di Firenze, Palazzo del Potestà* (Rom 1898). Ein weiteres Exemplar befindet sich im Gutenberg-Museum Mainz (Gutenberg II 35108), das noch über ein zweites Exlibrismotiv Dregers verfügt. Dieses weist ebenfalls einen historisierenden Waffenbezug auf: Es zeigt einen auf einer Kanone sitzenden Mann in mittelalterlicher Kleidung, der in einem Buch mit den Initialen des Eigners liest (Gutenberg II 26216).

16

Exlibris für Max Dreger von Kathinka Ochs.
124 x 100 mm.
1905.

RLM Trier, Bibliothek,
III 1598 (1999/449).

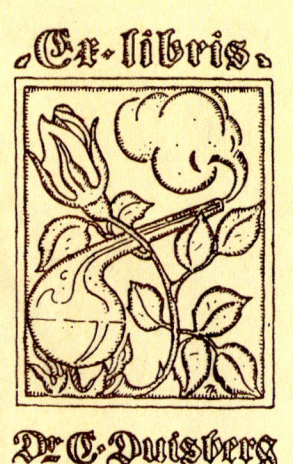

17 Ex libris / Dr. C. Duisberg

Das Bildmotiv zeigt einen sogenannten Kjeldahl-Kolben, einen birnen-
förmigen Rundglaskolben mit langem Hals, wie er bei der chemischen
Analyse zur Destillation organischer Substanzen verwendet wird.
Das halb mit einer Flüssigkeit gefüllte Gefäß wird von einer Flamme
erhitzt; aus dem Kolben steigt Dampf auf. Es wird umrankt von einem
rechts neben der Flamme wachsenden Rosenzweig mit einer Blüte –
vielleicht eine Versuchsanordnung zur Gewinnung von Rosenwasser.
Das chemische Laborgerät und der Destillationsvorgang verweisen auf
den Beruf des Exlibriseigners.

Dieser ist der Chemiker Friedrich Carl Duisberg (1861-1935), der
seit 1883 für die Firma Bayer zunächst in Wuppertal, dann in Leverkusen tätig war und dort bis zum Generaldirektor und Vorstandsvor-
sitzenden aufstieg. Unter seiner Führung wurde Bayer zur Weltfirma.
Duisberg gilt als einer der führenden Industriellen in den ersten Jahrzehnten des 20. Jahrhunderts (Plumpe 2016). Darüber hinaus war er
engagiert in der Wissenschafts- und Nachwuchsförderung. Privat trat
er auch als Kunstfreund sowie Sammler und Mäzen moderner Malerei
hervor (Schütz 1994. – Plumpe 2016, 404-418).

Der Entwurf des Exlibris wurde dem Grafiker und Radierer Erich
Heermann (1880-1947) zugeschrieben (Schütz 1994, 50), der in den
1920er Jahren mehrfach druckgrafische Porträts von Duisberg geschaffen hat (Weblink 3). Das Monogramm am rechten unteren Bildrand ist
zwar nicht eindeutig lesbar, entspricht aber nicht der ansonsten von
diesem Künstler verwendeten Signatur.

Das Exlibris ist enthalten in einem vom Kaiserlichen Gesundheits-
Amt zu Berlin herausgegebenen Werk über *Deutschlands Heilquellen und
Bäder* (Berlin 1900), das auch den Namensstempel Duisbergs trägt. Das
Buch gelangte mit der Bibliothek des Prähistorikers Fritz Geschwendt
(1900-1981) aus dessen Nachlass 1993 in die Museumsbibliothek. Die
Privatbibliothek Duisbergs soll im Zweiten Weltkrieg verbrannt sein;
einige Bände mit seinem Exlibris sind im Bayer-Unternehmensarchiv
in Leverkusen vorhanden (Schütz 1994, 50). Ein weiteres Exemplar des
Exlibris befindet sich im Stadtarchiv Wuppertal, in einem Buch, das
Duisberg 1924 mit persönlicher Widmung verschenkt hatte (Eckart
2001, 13-14).

18 EX LIBRIS / DR. E. / KRÜGER

Das Bildmotiv zeigt hintereinander gestaffelt drei der bekanntesten
Trierer Römerbauten: im Vordergrund die Porta Nigra, dahinter die
Apsis der Kaiserthermen, über der sich die Igeler Säule erhebt. Die
Auswahl der Denkmäler steht in Verbindung mit der Person des Exlibriseigners: Emil Krüger (1869-1954). Er war als Direktor des Provinzialmuseums Trier von 1905 bis 1935 auch für die Römerbauten zuständig
und hat sich um die Erforschung gerade dieser drei Bauwerke sehr
bemüht und dazu teils grundlegende Publikationen herausgegeben.

Die beiden Medaillons am oberen und unteren Rand beziehen sich auf die Herkunft der Familie Krügers: Der Braunschweiger Löwe verweist auf den Großvater, der als Altphilologe und Schuldirektor in Braunschweig tätig war. Der Bär auf der Mauer ist das Wappentier von Anhalt-Dessau, wo der Vater eine Zuckerfabrik besaß (Merten 2019, 142; 145)

Der Künstler des nicht signierten Exlibris ist Fritz Quandt (1888-1933), ein Trierer Maler und Grafiker. Ihm werden auch die Rekonstruktion der Igeler Säule in der Publikation von Krüger und Hans Dragendorff (1924) sowie der Umschlagentwurf der ersten zehn Jahrgänge der Trierer Zeitschrift verdankt, die von Krüger zwischen 1926 und 1935 herausgegeben wurden. Ein leicht abweichender Entwurf zur gedruckten Fassung des Exlibris ist in Quandts künstlerischem Nachlass im Stadtmuseum Trier erhalten. Von Quandt stammen auch Entwürfe für Bucheignerzeichen anderer Personen und für sich selbst (Beier/Nebgen 1994, 43-44; 73).

Das Exlibris Krügers befindet sich in fast allen 330 Bänden, die er zwischen 1935 und 1943 der Museumsbibliothek gestiftet hat (insbesondere Bücher zur Alten Geschichte und Werke antiker Autoren).

18

*Exlibris für Emil Krüger
von Fritz Quandt.*

164 x 65 mm.
Ca. 1910/12.

RLM Trier, Bibliothek,
IX 321-373; I 528-529;
XXII 193-445
(1943/333-383).

19 DR. PAUL / STEINER

Die Darstellung zeigt einen Wanderer vor dem Grabmal des Centurionen Marcus Caelius am ursprünglichen Aufstellungsort am Fürstenberg südlich von Xanten am Niederrhein. Hier war der römische Offizier nach Ausweis der Grabinschrift im Legionslager Vetera I bis zu seinem Tod im Jahr 9 n. Chr. in der Varusschlacht im Teutoburger Wald stationiert. Das Original des Denkmals befindet sich heute im Bonner Landesmuseum.

Die bildlichen Bezüge zum Eigner des Exlibris, Paul Steiner (1876-1944), sind vielfältig (Merten 1995, 427). So ist dieser in Xanten geboren, wo sein Vater ehrenamtlicher Vorsitzender des Niederrheinischen Altertumsvereins war, dessen Sammlungen der Sohn 1911 als ersten Band der neuen Serie *Kataloge west- und süddeutscher Altertumssammlungen* publizierte. Auf diese lokalen Beziehungen verweist der im Hintergrund skizzierte St.-Viktor-Dom. Die Darstellung des Caelius in vollem militärischem Ornat mit verschiedenen Orden und Ehrenzeichen auf seinem Grabstein stellte zudem eine wesentliche Quelle in seiner Dissertation über *Dona militaria oder die militärischen Auszeichnungen bei den Römern* (1904) dar. Ab 1911 war Steiner zur Unterstützung des Museumsdirektors Krüger am Provinzialmuseum Trier eingestellt, zunächst als Direktorialassistent, ab 1928 als Abteilungsdirektor der Vorgeschichtlichen Sammlung und des Münzkabinetts. 1937 wurde er aus politischen Gründen aus dem Amt gedrängt.

19

*Exlibris für Paul Steiner
von Daniel Krencker.*
134 x 73 (121 x 57) mm.
Ca. 1912/15.

**RLM Trier, Bibliothek,
VII 162d; VI 31 (1991/378-379).**

Unter dem Bild findet sich der Name des Inhabers, in der Form angelehnt an eine Grabtafel, als Inschrift in lateinischen Versalien. Die Signatur „D. K." links unten lässt den Künstler erkennen: Daniel Krencker (1874-1941). Dieser war von 1912 bis 1922 als leitender Architekt und Bauforscher bei der Untersuchung der Kaiserthermen in Trier tätig. Der zeichnerisch sehr begabte Krencker hat sich auch mit einer Reihe von Rekonstruktionen römischer Baudenkmäler in Trier einen Namen gemacht, die alle mit dem gleichen Monogramm signiert sind. Krencker und Steiner haben zwischen 1912 und 1922 verschiedentlich zusammengearbeitet und standen wohl in einem guten kollegialen Verhältnis (Merten 2010/11).

Das Exlibris ist in zwei Handexemplaren Steiners enthalten, die 1991 von Sohn Philipp aus seinem Nachlass dem Museum übergeben wurden: den *Kunstdenkmälern des Kreises Daun* (Düsseldorf 1928), zu dem Steiner die Angaben zu archäologischen Fundstätten beigesteuert hatte, und dem *Trierer Heimatbuch* (Trier 1925) mit einem Beitrag zu Steiners Ausgrabungen in der vorgeschichtlichen Befestigung auf dem Weinberg bei Kerpen in der Eifel.

20 EX LIBRIS / FR. LAUBACH

Das Bild zeigt eine brennende schwarze Öllampe mit weißem Kreuz in einem weißen Perlkreis auf einem dreibeinigen Ständer; der Griff hat die Form einer Schnecke. Im Hintergrund verweist ein spätantikes Christogramm aus den griechischen Buchstaben Chi und Rho oberhalb der Lampe ebenfalls auf einen christlichen Zusammenhang. Beide Bildelemente sind umgeben von einem ovalen Lorbeerkranz mit Blättern und Früchten, das Bildfeld insgesamt ist gerahmt von einem rechteckigen Band schwarzer Perlen. Das christlich-religiöse Motiv – Jesus Christus als Licht der Welt (Johannes 8,12; 12,46) – deutet auf einen entsprechenden biographischen Bezug zur Theologie.

Beim Inhaber des Exlibris könnte es sich aufgrund von Thematik und Lebensdaten um den US-amerikanischen evangelikalen Missionar und Mystiker Frank Charles Laubach (1884-1970) handeln, der seine Missionstätigkeiten in Asien, Afrika und Südamerika mit Alphabetisierungskampagnen für die einheimischen Bevölkerungen verband (BBKL IV 1235-1236), doch hat sich kein eindeutiger Beleg für diese Annahme finden lassen. Die Künstlersignatur zwischen den Beinen des Ständers lautet „M L +". Der Nachname könnte dem des Eigners entsprechen, das beigegebene kleine Kreuzzeichen auf eine klerikale Funktion deuten.

Das Exlibris ist enthalten in den ersten 18 Halbbänden des *Dictionnaire d'archéologie chrétienne et de liturgie* (erschienen 1907-1930), einem Standardwerk der frühchristlichen Archäologie. Die Bände wurden 1934 als Dublette von der Abtei St. Matthias in Trier erworben, deren Vorbesitz durch den Stempel „BIBILIOTHECA ABB S MATTHIAE TREV" belegt ist.

20

Exlibris für Fr. Laubach von M. L.+.
140 x 93 (120 x 67) mm.
Ca. 1920.

RLM Trier, Bibliothek,
LS AltW 149a (1934/722).

21 Ex libris Monasterii S. Augustini apud Ramsgate

Außer Einzelpersonen besitzen auch Institutionen gelegentlich ein Exlibris zur Kennzeichnung ihres Buchbesitzes. Nicht zuletzt zählen Klöster zu den Einrichtungen, die als Erste ihre handschriftlichen Besitzangaben durch Exlibris ersetzten, oft unter Verwendung ihres Klosterwappens oder des Wappens des regierenden Abtes.

Das vorliegende Beispiel zeigt ein kreisförmig umlaufendes Schriftband in Fraktur, darauf einen nach links blickenden Raben mit gespreizten Flügeln, geöffnetem Schnabel und angespanntem Blick, der mit seiner rechten Kralle ein kleines Buch mit der Aufschrift „Rule" trägt. Im Inneren des Kreises rankt eine Weinrebe. Darunter befinden sich drei Felder in Form von Papierblättern zur Aufnahme der handschriftlichen Standortnummerierung des zugehörigen Buches.

Der Rabe deutet auf den Hl. Benedikt, zu dessen Attributen der Vogel gehört. Das Buch mit der englischen Inschrift verweist auf die *Regula Benedicti*, das von Benedikt von Nursia im 6. Jahrhundert aufgestellte Klosterregularium (LCI V 351-364).

21

Exlibris für das Monasterium
S. Augustini, Ramsgate.
108 x 64 (96 x 46) mm.
Ca. 1925.

RLM Trier, Bibliothek,
Rara XII 3a-2 (2018/101).

Der Text des Exlibris enthält den Hinweis auf den Inhaber: das Benediktinerkloster St. Augustinus in Ramsgate (Kent, Südengland). Offenbar wurde das Exlibris im Zusammenhang mit der Eröffnung der neuen Klosterbibliothek 1926 durch Abt Egan (1856-1939) zu Ehren seines Vorgängers Abt Bergh (1840-1924) geschaffen (Seddon 2012); der Künstler, wohl ein Angehöriger des Klosters, ist nicht bekannt.

Das Exlibris befindet sich in einem Exemplar von Band 2 der *Antiquitates et annales Trevirenses* (Lüttich 1670) der beiden gelehrten Jesuiten Christoph Brouwer und Jakob Masen, das 2018 von einer Privatperson angekauft wurde, die ihrerseits das Buch vor Jahrzehnten in einem Trierer Antiquariat erworben hatte.

Das Exlibris ist in einem weiteren Exemplar in der William & Mary Law School, Williamsburg, Virginia, überliefert (Weblink 4).

22 EX LIBRIS / EINAR GJERSTAD

Die bildliche Darstellung zeigt ein bekanntes Relief der behelmten, sich auf ihren Speer stützenden und nachdenklich nach unten schauenden griechischen Göttin Athene. Das Original befindet sich im Akropolis-Museum in Athen (LIMC II Athena Nr. 625).

Der Inhaber des Exlibris ist Einar Gjerstad (1897-1988), ein schwedischer Klassischer Archäologe und Althistoriker, der durch grundlegende archäologische Forschungen in Griechenland und vor allem auf Zypern seit den 1920/30er Jahren bekannt ist. 1935 wurde er Direktor des Schwedischen Instituts in Rom, von 1939 bis 1957 war er Professor für Klassische Altertumswissenschaft und Alte Geschichte an der Universität Lund (Weblink 5).

Bemerkenswert ist die Verwendung einer Fotografie anstelle der sonst üblichen Zeichnung als Vorlage für das Bildmotiv. Es ist enthalten in Band 5 des *Economic survey of ancient Rome* (Baltimore 1940) sowie im zugehörigen Indexband, die 1971 von einem Bonner Antiquariat angekauft wurden.

22

Exlibris für Einar Gjerstad.
92 x 53 mm.
Ca. 1925/30.
RLM Trier, Bibliothek,
XIII 328-5 (1971/270-271).

23 EX LIBRIS / HILDING THYLANDER

Das Bildmotiv zeigt die Giebelseite einer antikisierenden Architektur mit fünfsäuliger Vorhalle in zweidimensionaler Ansicht. Im Giebeldreieck steht die Exlibrisformel, darunter auf dem Gebälk in griechischer Schrift ein Zitat aus der *Geschichte des Peloponnesischen Kriegs* des griechischen Historikers Thukydides (455-396 v. Chr.), die er κτῆμα ἐς ἀεί – „zu dauerndem Besitz" – verfasst hatte. Diese Sentenz spielt zweifellos auf Bedeutung und Wert von Büchern und des in ihnen enthaltenen Wissens an. Im unteren Bildfeld ist in einer *tabula ansata* der Name des Exlibriseigners in Versalien zu lesen. Die Szene auf dem mittig applizierten Rundbild zeigt den Wanderer Ödipus, der das Rätsel der auf einer Säule sitzenden Sphinx löst. Die Vorlage dazu stammt von einer attischen Vasenmalerei, deren Original sich in den Vatikanischen Museen befindet (LIMC VII Oidipous 19).

Der Exlibriseigner Hilding Thylander (1907-1993) war von 1953 bis 1974 Dozent für Klassische Altertümer und Alte Geschichte an der Universität Stockholm. Bei großem Interesse für das klassische Altertum publizierte er vor allem zur lateinischen Epigraphik und zur schwedischen archäologischen Bibliographie (Weblink 6).

Das Exlibris ist in zwei Editionen der *Cena Trimalchionis* des römischen Schriftstellers Petronius enthalten: Thylander besaß sowohl die deutsche Standardausgabe von Ludwig Friedländer (Leipzig 1906) als auch die englische von Walter B. Sedgwick (Oxford 1925). Die Exemplare wurden 1978 und 2004 im Antiquariatshandel gekauft.

Bei den an der Basis der rechten Säule erkennbaren sechs Zeichen könnte es sich um eine – nicht lesbare – Künstlersignatur und die Jahreszahl [19]30 handeln. Einen bemerkenswerten Hinweis auf den weiteren Entstehungszusammenhang gibt ein Exlibris für den schwedischen Altphilologen und Althistoriker Martin P. Nilsson (1874-1967) (Weblink 7), das nach Ausweis des Künstlermonogramms von Harald Sjövall (1886-1955) (Weblink 8) wohl 1923 geschaffen wurde (Blum 1994, 168; 179 Abb. 137). Es zeigt das völlig identische Rundbild mit Ödipus und der Sphinx, aber ohne die Architektur im Hintergrund. Nilsson wirkte an der Universität Lund, wo sowohl Sjövall als auch Thylander seine Schüler waren.

23

Exlibris für Hilding Thylander von Harald Sjövall.
140 x 70 (99 x 65) mm.
1930.

RLM Trier, Bibliothek,
XXII 482 (1978/14);
XXII 482b (2004/1131).

24 EX LIBRIS / Dr. ALFRED und SONJA / NEUMANN

Das Bildmotiv zeigt das sogenannte Heidentor von *Carnuntum*. Dabei handelt es sich um die Ruine eines römischen Siegesdenkmals, das im 4. Jahrhundert auf einer Straßenkreuzung nahe dem Legionslager von *Carnuntum* in der Provinz Oberpannonien errichtet wurde. Vom ursprünglichen Vierpfeilerbauwerk sind seit dem Mittelalter nur noch die beiden westlichen Pfeiler erhalten. Das Heidentor gilt als Wahrzeichen des römischen Österreichs.

Die Eigner des Exlibris sind der österreichische Provinzialrömische Archäologe Alfred Neumann (1905-1988) und seine Frau Sonja. Neumann war von 1930 bis 1934 als Assistent am Museum Carnuntinum tätig, der ersten Station seiner wissenschaftlichen Laufbahn, womit sich auch der biographische Bezug zum Motiv ergibt. In dieser Zeit dürfte das Exlibris entstanden sein; es trägt keine Künstlersignatur und könnte von ihm selbst entworfen sein. Mit dem Namen Neumanns ist vor allem die archäologische Erforschung der Römerzeit Wiens verbunden, wo er als Museumsleiter und Stadtarchäologe tätig war (Weblink 9).

Das Exlibris befindet sich in einem Exemplar der 2. Auflage des Standardwerks zum antiken Buchwesen von Wilhelm Schubart *Das Buch bei den Griechen und Römern* (Berlin 1921), das auch einen Besitzstempel Neumanns auf dem Titelblatt aufweist. Es wurde 1989 in einem Bonner Antiquariat angekauft.

24

Exlibris für Alfred und Sonja Neumann.
104 x 71 mm.
Ca. 1930.

RLM Trier, Bibliothek,
IX 536a (1989/468).

25 UIT / DE BOEKERIJ / VAN / JAAP / YPEY / IMMER YVERIG

Das Bild zeigt in der Mitte einen geteilten Wappenschild, in dessen linker Hälfte einen Adler, rechts oben ein rätselhaftes Zeichen (oder angedeutetes Hammerwerk), rechts unten eine Feder zwischen einer Eichel und dem Blatt eines Baumes. Das Wappen ist links und rechts umgeben von je drei rechteckigen Feldern, die auf Handwerkerberufe verweisen: Maler (Palette), Architekt (Winkel, Maß, Zirkel) und Schreiner (Hobel, Fuchsschwanz, Hammer) sowie Tuchwirker (Stoffbahnen mit Textildruck), Weber (Webstuhl mit Schiffchen) und Schmied (Hammer, Zange, Amboss). Passend dazu erscheint das darunter angegebene Motto, das der Exlibriseigner Jaap Ypey (1916-1986) sicher als eigene Devise verstand: „immer yverig [ijverig]" – was mit „immer eifrig" oder „stets fleißig" wiederzugeben ist. Er sah sich wohl selbst als eifrigen Nutzer der eigenen „BOEKERIJ" (Bücherei, Büchersammlung).

25

Exlibris für Jaap Ypey.
Linolschnitt, 98 x 70 (93 x 64) mm.
Ca. 1950.

RLM Trier, Bibliothek,
XVIIIa 186 (1988/134).

Das Exlibris ist in einer niederländischen archäologischen Festschrift enthalten: *Een kwart eeuw oudheidkundig bodemonderzoek in Nederland. Gedenkboek A. E. van Giffen* (Meppel 1947). Sie wurde anlässlich des 25-jährigen Jubiläums des Biologisch-Archäologischen Instituts der Reichsuniversität Groningen zu Ehren seines Leiters Albert Egges van Giffen (1884-1973) herausgegeben. Auf dem Frontispiz mit verlagsseitig aufgeklebtem Bild und eingedruckter Unterschrift des Jubilars befindet sich ein eingeklebter Ausschnitt aus einem Brief van Giffens mit eigener Unterschrift, dazu der Zusatz des Buchbesitzers: „Museum van Drente, Assen, 18.12.1953", wo es wohl von ihm erworben wurde. Das Buch wurde 1988 im Bonner Antiquariatsbuchhandel angekauft.

Der Eigner ist nicht als Autor in dem Sammelband vertreten. Er war Archäologe und Leiter des Restaurierungslabors der niederländischen Bodendenkmalpflege. Als Wissenschaftler hat er sich mit römischen, vor allem aber frühmittelalterlichen Funden befasst. Er gilt als Pionier der Experimentellen Archäologie mit Schwerpunkt auf Waffen- und Damaszierungstechniken (Périn 1995 mit Abb. von Ypey beim Schmieden eines Schwertes). Das Exlibris weist keine Künstlersignatur auf, es könnte vom Eigner selbst entworfen sein.

26 EX LIBRIS / HANS GEBHART

Der Text aus Exlibrisformel und Namen des Buchbesitzers ist als umlaufende Münzlegende gestaltet. Die Darstellung der zugehörigen antikisierenden Münze zeigt ein vorwärts und rückwärts blickendes Doppelgesicht in der Art des römischen Gottes Janus. Das Gesicht ist ausgeführt als lachende und weinende Maske, getrennt durch einen Lorbeerzweig, und verweist damit auf die über die Numismatik hinausgehenden wissenschaftlichen Interessen des Eigners an Literatur und Theater. Hans Gebhart (1900-1960) war seit den 1920er Jahren wissenschaftlicher Mitarbeiter, dann Direktor der Staatlichen Münzsammlung in München; er ist aber auch als Theaterwissenschaftler, Rundfunkkommentator und Kommunalpolitiker hervorgetreten.

26

*Exlibris für Hans Gebhart
von Hermann Virl.*
Holzstich, 34 x 36 mm.
Ca. 1950.

**RLM Trier, Bibliothek,
XV K 238 (1970/604);
Ex.-Nr. 272/300.**

Es handelt es sich hierbei um ein Originalexlibris, das nicht als Eigentumskennzeichen dient, sondern in der in kleiner Auflage als Privatdruck erschienenen, bibliophil ausgestatteten Gedenkschrift *Die münz- und geldgeschichtlichen Veröffentlichungen von Prof. Dr. Hans Gebhart* (Grasser 1970) eingeklebt ist. Das Exlibris ist nochmals in gleicher Weise als Original der einschlägigen Zusammenstellung von Numismatiker-Exlibris beigegeben (Grasser 1979, 17-18 Nr. 66). Geschaffen wurde es von dem Münchner Grafiker Hermann Virl (1903-1958).

Fazit

Die in dieser zweiten Folge vorgestellten Bucheignerzeichen umfassen 13 weitere Motive von kurz vor 1900 bis zur Mitte des 20. Jahrhunderts. Auch sie stellen keine systematische Sammlung dar, sondern sind in antiquarischen Buchkäufen oder Geschenkzugängen enthalten, stammen also aus zweiter oder dritter Hand. Dieser Zufall der Überlieferung hat auch zur Folge, dass ansonsten verbreitete Motive wie Memento-mori- oder Vanitas-Themen, Bibliotheksansichten oder historische Ereignisse nicht vorhanden sind. Die Bildmotive fallen überwiegend in den Bereich der Archäologie (außer Nr. 16-17; 21). Als Eigner sind zunächst vertreten: ein kunstliebender Kaufmann (Flersheim), ein belesener Ingenieur (Dreger) und ein erfolgreicher Industrieller (Duisberg). Die weiteren Beispiele betreffen vor allem Altertumswissenschaftler (Koepp, Krüger, Steiner, Gjerstadt, Thylander, Neumann, Ypey) sowie einen Numismatiker (Gebhart). Die übrigen Motive sind ebenfalls der gelehrten Welt, hier der Theologie, zuzuweisen (Laubach und Kloster Ramsgate).

Zur Erinnerung an Prof. Dr. Engelbert Plassmann (1935-2021), der Generationen von angehenden Bibliothekaren zwischen 1975 und 2000 an den Bibliotheksinstituten in Köln, Leipzig und Berlin in ihr Fach eingeführt und vielfach die Freude an diesem interessanten Beruf geweckt und gefördert hat.

Freundliche Auskünfte werden der kollegialen Hilfsbereitschaft der Klosterbibliothekare Br. Dr. Athanasius Polag OSB (Abtei St. Matthias, Trier, Mai-Juni 2021) und Fr. John Seddon OSB (St Augustine's Abbey, Chilworth, UK, April-Mai 2021) verdankt. Weitere Hinweise erteilten Heike Dansard und Thore Grimm (Archiv der Bayer AG, Leverkusen, Februar 2022) sowie Samaya Nasr (Special Collections Research Center, Syracuse University Libraries, Syracuse NY, USA, Februar 2022).

Dieser Beitrag stützt sich – wie der vorangegangene in Nr. 52 dieser Zeitschrift – auf die Projektarbeit von Milene Unger, die als Mitarbeiterin der Museumsbibliothek 2017/18 im Rahmen eines Freiwilligen Sozialen Jahres (Kultur) die vorliegenden Exlibrismaterialien systematisch bearbeitet und ergänzt hat.

Nicht zuletzt danke ich meiner Kollegin Kristina Schulz für das gute Zusammenwirken bei der Redaktion der Publikationen unseres Hauses seit ihrem Eintritt in den Dienst des Museums 2013. Mit philologischer Akribie, großer Sorgfalt und unentwegter Geduld hat sie die Manuskripte der Autoren lektoriert, die Texte bearbeitet und die Aufgaben der Schriftleitung unterstützt. Mit dem vorliegenden Heft und diesem Beitrag findet unsere gemeinsame Arbeit ihren Ausklang.

Literatur

T. Bauer, „Mit lebhaftem Bedauern und aufrichtigem Dank". Der Mitteldeutsche Kunstgewerbe-Verein im Nationalsozialismus (Frankfurt a. M. 2016). – C. Beier/H. Nebgen, Fritz Quant (1888-1933), ein Trierer Maler und Graphiker. Ausstellungskatalog (Trier 1994). – G. Blum, Griechenland im Exlibris. Antike im Exlibris 2 (Frederikshavn 1994). – H. M. Böhm, Hans Thoma - sein Exlibris-Werk (Berlin 1958). – M. Dreger, Waffensammlung Dreger. Mit einer Einführung in die Systematik der Waffen. Historische Waffen und Kostüme 1 (Berlin 1926). – U. Eckardt, Wuppertaler Exlibris. Romerike Berge 51, 2001, H. 2, 2-25. – W. Grasser, Die münz- und geldgeschichtlichen Veröffentlichungen von Prof. Dr. Hans Gebhart (München 1970). – W. Grasser, Numismatiker-Exlibris (München 1979). – F. Koepp, Valete libelli! Abschiedsgruß an meine geliebten Bücher. Neu hrsg., mit Erläuterungen und einem Lebensbild versehen von B. E. Köster (Haltern 2007). – J. Merten, Paul Steiner (1876-1944). Trierer Zeitschrift 58, 1995, 425-462. – J. Merten, Die Trierer Römerbauten in den Rekonstruktionen des Architekten und Bauforschers Daniel Krencker (1874-1941). Trierer Zeitschrift 73/74, 2010/11, 249-279. – J. Merten, Emil Krüger (1869-1954) und das Provinzialmuseum zu Trier. Trierer Zeitschrift 82, 2019, 117-147. – J. Merten, Exlibris des 18. und 19. Jahrhunderts in der Bibliothek des Rheinischen Landesmuseums Trier. Funde und Ausgrabungen im Bezirk Trier 52, 2020, 116-130. – A. Ottermann, Woher unsere Bücher kommen. Provenienzen der Mainzer Stadtbibliothek im Spiegel von Exlibris. Veröffentlichungen der Bibliotheken der Stadt Mainz 59 (Mainz 2011). – P. Périn, A la mémoire de Jaap Ypey (1916-1986). In: L'habitat rural du Haut Moyen Âge (France, Pays-Bas, Danemark et Grande-Bretagne). Actes des XIVe Journées Internationales d'Archéologie Mérovingienne, Guiry-en-Vexin et Paris, 4-8 février 1993. Mémoires de l'Association Française d'Archéologie Mérovingienne 6 (Rouen 1995) I-VI. – W. Plumpe, Carl Duisberg, 1861-1935. Anatomie eines Industriellen (München 2016). – O. Schembs, Jüdische Mäzene und Stifter in Frankfurt am Main (Frankfurt a. M. 2007). – S. v. Schnurbein, Friedrich Koepp. In: 100 Jahre Römisch-Germanische Kommission. Bericht der Römisch-Germanischen Kommission 82, 2001, 147-161. – D. Schütz, Bayer als Mäzen. Carl Duisberg als Förderer der Künste (Diss., Bonn 1994). – J. Seddon, The Bergh Memorial Library. True principles 2, 2012, H. 1.

Register

Die Nummern 1-13 verweisen auf den vorangegangenen Beitrag über Exlibris des 18. und 19. Jahrhunderts in Nr. 52 dieser Zeitschrift.

Exlibriseigner

Künstler

Abkürzungen

BBKL	Biographisch-bibliographisches Kirchenlexikon I ff. Hrsg. von T. Bautz (Herzberg 1990 ff.).
Gutenberg I-II	E. Schutt-Kehm, Exlibris-Katalog des Gutenberg-Museums. I. Angaben zu 13.487 Exlibris von über 2.000 Künstlern (Wiesbaden 1985). II. Angaben zu 35.000 Exlibris von über 7.000 Künstlern. A-K (13.478 - 30.605) (Wiesbaden 1998); L-Z (30.606 - 48.239) (Wiesbaden 2003).
Gutenberg 1987	Mensch und Buch im Spiegel des Exlibris. Bucheignerzeichen aus der Sammlung des Gutenberg-Museums (Mainz 1987).
Gutenberg 1990	E. Schutt-Kehm, Das Exlibris. Eine Kulturgeschichte in 1600 Abbildungen aus den Beständen des Mainzer Gutenberg-Museums. Die bibliophilen Taschenbücher 600 (Dortmund 1990).
Gutenberg 2003	C. Wittal, Eignerverzeichnis zum Exlibris-Katalog des Gutenberg-Museums (Wiesbaden 2003).
LCI	Lexikon der christlichen Ikonographie. Hrsg. von W. Braunfels (Freiburg i. Br. 1968-1976).
LIMC	Lexicon iconographicum mythologiae classicae I-VIII (1981-1997).

Weblinks

1 https://gedbas.de/person/show/1222649365 [12.04.2022].

2 http://www15.ovgu.de/mbl/Biografien/1216.htm [12.04.2022].

3 https://www.archivportal-d.de/entity/person?id=1049937880 [12.04.2022].

4 https://scholarship.law.wm.edu/scbookplates/191/ [12.04.2022].

5 https://de.wikipedia.org/wiki/Einar_Gjerstad [12.04.2022].

6 https://sv.wikipedia.org/wiki/Hilding_Thylander [12.04.2022].

7 https://de.wikipedia.org/wiki/Martin_Persson_Nilsson [12.04.2022].

8 https://sv.wikipedia.org/wiki/Harald_Sj%C3%B6vall [12.04.2022].

9 https://de.wikipedia.org/wiki/Alfred_Neumann_(Arch%C3%A4ologe) [12.04.2022].

Abbildungsnachweis

Abb. 14-26 RLM Trier, Bibliothek.

Michael Dodt **Restaurierungen am Caldarium der Trierer Kaiserthermen**

1
Trier, Kaiserthermen.
Caldarium.
Ostwand nach der Restaurierung,
2021.

Der erste Abschnitt der Restaurierungen an der Südostecke der Trierer Kaiserthermen wurde 2020 abgeschlossen. Restauriert wurden die Südostecke des Caldariums und der Kesselraum 5', die zu den am höchsten erhaltenen Teilen der Ruine gehören. Angesichts des jetzt strahlend hellen Mauerwerks der restaurierten Wände [Abb. 1-2] stellt sich die Frage, ob und wieviel römische Bausubstanz hier noch erhalten ist, mit welchen Überlegungen restauriert wurde, und vielleicht auch, ob in größerem Umfang rekonstruiert wurde. Dem einen oder anderen dürften die Diskussionen um die Ergänzungen der großen Ostapsis im Jahre 1984 in Erinnerung sein.

Die aktuellen Restaurierungen waren dringend erforderlich, als im Jahr 2013 der Statiker (Büro Schwab-Lemke aus Köln) Risse im Gewölbe des Kesselraumes und starke Rostbildung an den Ankern von 1930 festgestellt hatte und sich Partien der Mauerschalen an den genannten Wänden lösten. Um die Frage nach der Originalsubstanz beantworten zu können, wird im Folgenden die Restaurierungsgeschichte beider Räume geschildert. Der Schwerpunkt liegt auf der Außenseite des Raumes 5', da diese im Laufe der Zeit umfangreicher als die Südostecke des Caldariums restauriert und auf diese in Publikationen jüngerer Zeit bereits eingegangen wurde.

Die Südostecke der Kaiserthermen bildet die Schauseite der Ruine. Sie ist so gut erhalten (H. bis 19 m), weil sie bis zur Besetzung des Rheinlandes durch französische Revolutionstruppen als südöstliches Stadttor diente. Durch die Ergänzung der großen Ostapsis bei den Restaurierungen im Jahre 1983/84 wurde ein größerer an der Nordseite der erhaltenen Mauern anschließender Teil aufgewertet und nachhaltig gesichert.

Während das Caldarium einer der Hauptbadesäle der Kaiserthermen ist, gehört Kesselraum 5' zu den Versorgungsräumen des „Kellergeschosses" und hat wie der anschließende Ringgang um die Ostapsis (1-4') ein tieferes Bodenniveau als das Hauptgeschoss. Zusammen mit dem südlichen Kesselraum 6' und dem Treppenturm verdeckt er heute den Blick auf die Außenseite der südöstlichen Ecke des Caldariums, das sie ursprünglich jedoch um einige Meter überragte. Beide Kesselräume dienten der Heißwasserversorgung der Wannen in den anschließenden Apsiden a' und b' und weisen daher mehrere (Rohbau-)Öffnungen für Heizung und Wasserzuläufe zu diesen Räumen auf. In beiden Räumen sind noch die Gewölbe erhalten, die innen – von der Fundamentoberkante beziehungsweise der Sohle des Praefurniums – eine lichte Höhe von 13,00-13,50 m haben [Abb. 3]. Sie bieten einen Hinweis auf die Höhe des Kessels, in dem das Wasser für die Wannen erhitzt wurde. Über den Gewölben gibt es je einen weiteren Raum, von dem über 5' (5a') weitere Gewölbeansätze an der Westwand erhalten sind.

2
Trier, Kaiserthermen.
Kesselraum 5a' von außen nach
der Restaurierung, 2021.

3
Trier, Kaiserthermen.
Kesselraum 5'.
Decke.

Erste Aufnahmen

4
Trier, Kaiserthermen.
Caldarium von Westen (innen).
Stich von Lothary, um 1800.

5
Trier, Kaiserthermen.
Caldarium von Osten (außen).
Bauaufnahme von
Ch. W. Schmidt, 1845.

Auf einer Skizze von Alexander Wiltheim zu Beginn des 17. Jahrhunderts ist Raum 5' hinter der Apsis a' mit einem Dach im halbwegs intakten Festungswerk der mittelalterlichen Torburg zu erkennen. Noch bevor die Einbauten der Torburg in die Kaiserthermen zu Beginn des 19. Jahrhunderts beseitigt und das Gelände 4 m tief abgegraben wurde, entstanden zwei Stiche, die unter anderem einen mittelalterlichen Turm in der Südostecke des Caldariums zeigen; hier wird der weniger bekannte Stich von Lothary abgebildet [Abb. 4], da dieser die Gesamtsituation des Caldariums als Torburg gut wiedergibt.

Nach dem Abbruch des Turms und der Abgrabung des Geländes bis unter das Hypokaustniveau im Auftrag von Baurat Carl Friedrich Quednow bildet die Bauaufnahme von Christian W. Schmidt im Jahre 1845 die erste steingerechte Wiedergabe der Außenseite des Kesselraumes 5' [Abb. 5] und der südöstlichen Innenecke des Caldariums. Die Außenseite des Kesselraumes weist im unteren Bereich römisches Schalenmauerwerk, im mittleren Bereich Kernmauerwerk und darüber die Außenseite des Gewölbes aus radial gesetzten Ziegeln auf. Der Raum (5a') über dem Gewölbe von 5' lässt an der Westwand ein Gewölbe aus radial gesetzten Ziegellagen erkennen, das in der Mitte durch ein Kernmauerwerk mit Gewölberesten aus Ziegeln unterbrochen ist. Rechts gibt es ein höheres Tonnengewölbe, das bis an die Innenkante der Apsis a' reicht und mit dem südlichsten Fensterbogen in Verbindung steht. Über den Durchgängen sind ein ‚Fenster' und eine kleinere Öffnung zu sehen, darüber ein gerahmtes, kleines, quadratisches Fenster, das wahrscheinlich aus dem Mittelalter stammt.

Die Bauaufnahme von 1912-1920

Die Bauaufnahme Daniel Krenckers gibt am umfassendsten den originalen Zustand vor den Restaurierungen wieder. Im Unterschied zu Schmidt dokumentierte er auch Bauspuren nachrömischer Nutzungsphasen. Im Innern des Raumes 5' gab es eine Verbindung zwischen einem Durchbruch in der Mitte der Westwand und der gerahmten Tür in der Südostecke des Caldariums [**Abb. 6-7**]. Die Sohle der Tür entsprach etwa der mittelalterlich-neuzeitlichen Tordurchfahrt im östlichen, unteren Fenster der Apsis b'. In der Hauptsache ging es Krencker bei der Dokumentation im Kesselraum 5' jedoch um die Deutung der Öffnungen im Zusammenhang mit dem Heiz- und Wassersystem, das auf die anderen Kesselräume übertragen werden kann [**Abb. 7**]. Die Röhren im Gewölbe („Tubulistränge") deutet Krencker als Rauchöffnungen. Die Außenwände oberhalb des „Kellergeschosses" seien zu schwach und ihre Einbindung in die Wände der Thermen-Haupträume mangelhaft; daher sei Raum 5' nachträglich erhöht worden. An der Außenseite des Kesselraumes 5' (Ostmauer) rekonstruiert Krencker auf dem Absatz über den großen Durchgängen und über dem Ringgang einen

6
Trier, Kaiserthermen.
Kesselraum 5'.
Ost-West-Schnitt.

7
Trier, Kaiserthermen.
Raum 5'.
Isometrische Aufnahme des Innenraumes, Süd- und Westwand von Nordosten, von Hans Lehmann.
Die Pfeile weisen auf Röhren im Gewölbe.

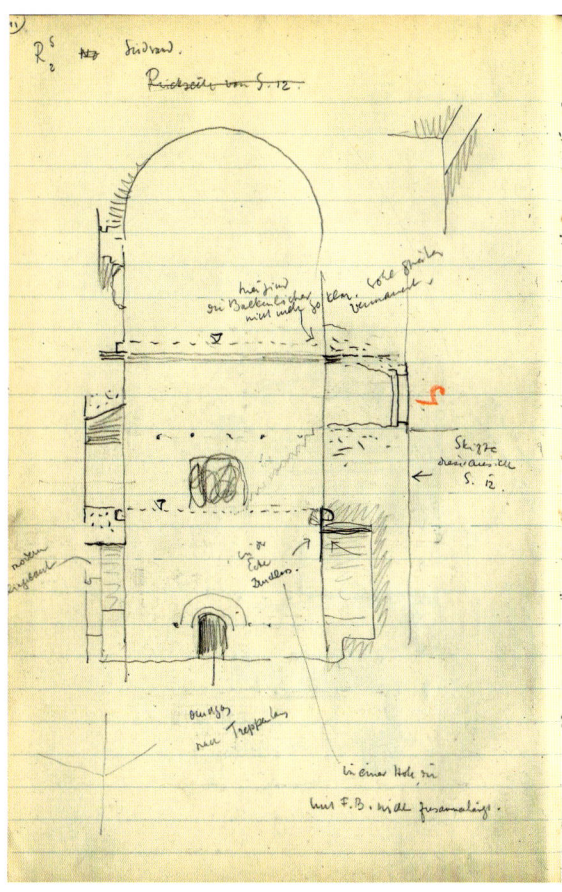

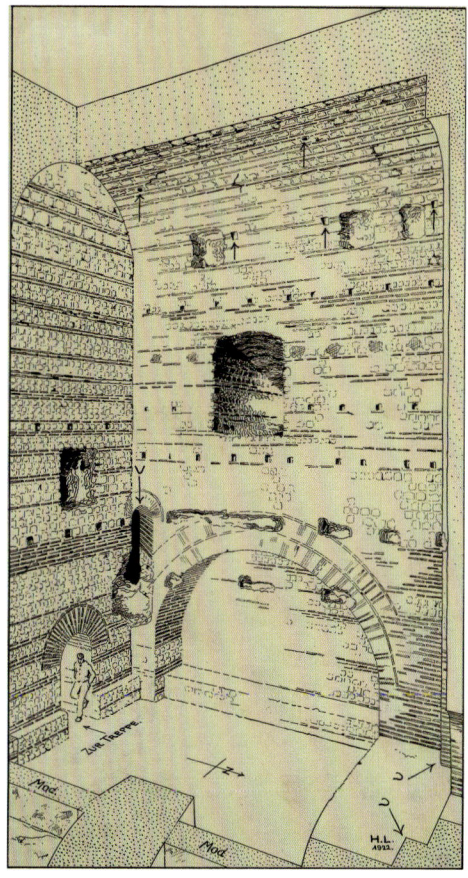

Umgang [Abb. 8], auf den das größere ‚Fenster' führt, während die kleinere Öffnung einen Zulauf für heißes Wasser über eine Rinne im Umgang entlang der Fensterbänke der Apsis a bildet. Seine Aufnahme der Außenseite des Raumes 5' am 25.05.1914 [Abb. 9] lässt über dem mittleren Fenster eine Reihe aus horizontalen Tubuli und Tonröhren erkennen; es kann angenommen werden, dass die horizontalen Tubulistränge bis zur Schale der Innenwand durchgingen.

Krencker konnte für das kleinere Ziegelgewölbe des über 5' befindlichen Raumes 5a' einen Radius von 0,73-0,78 m ermitteln und rekonstruierte dort einen kleinen Treppenturm.

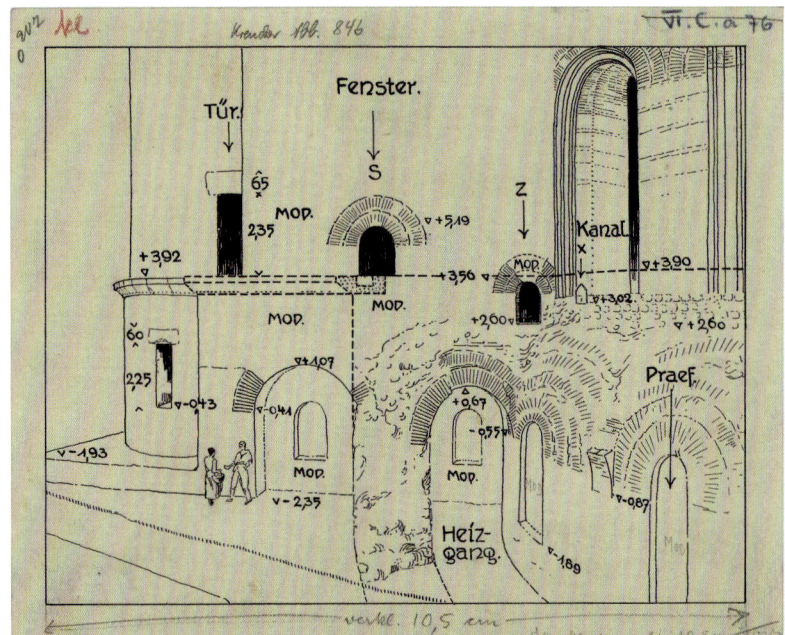

8
Trier, Kaiserthermen.
Raum 5'.
Rekonstruktion der Außenseite
von Daniel Krencker.

9
Trier, Kaiserthermen.
Caldarium und südliche
Kesselräume von Südosten (außen).

Bereits vor 1901 wurde als Konservierungsmaßnahme das in früheren Zeiten abgeschrotete Gewölbe des Raumes 5' mit Zement verstärkt [Abb. 10], der eine Fläche mit Ablauf nach Nordwesten bildete. Unterhalb des Zementauftrags ist die Mauerschale schadhaft, weist aber noch keine Restaurierungsspuren auf, während alle Öffnungen zugemauert sind. Es ist anzunehmen, dass die Ausbrüche in der Mauerkrone der Westwand des Raumes 5' beziehungsweise der Ostmauer des Caldariums kurz vor 1900 geschlossen wurden, da sie in einer Aufnahme von 1880-1890 [Abb. 11] noch zu sehen sind.

10
Trier, Kaiserthermen.
Abdeckung der Kesselräume vor
der Restaurierung 1930-1932
(Ausschnitt).

11
Trier, Kaiserthermen.
Caldarium von Westen, 1880-1890
(Ausschnitt).

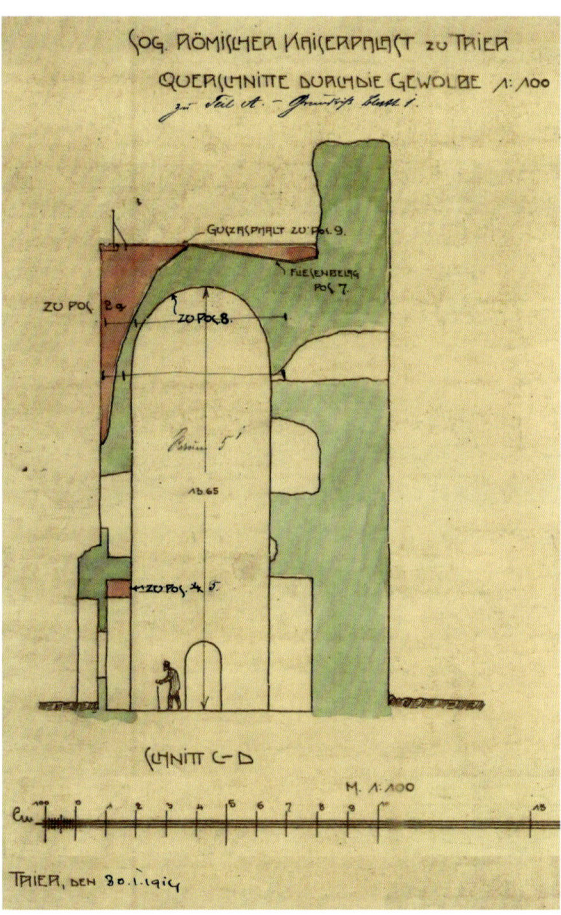

12
Trier, Kaiserthermen.
Raum 5'.
Schnitt C-D im Konservierungs-
plan von Daniel Krencker.

Zwischen 1901 und 1914 – möglicherweise während der Bauuntersuchungen unter Krencker – wurde die Mauerschale im unteren und mittleren Bereich der östlichen Außenmauer erneuert [**Abb. 9**]. Die restaurierte Mauerschale besteht aus neuen Kleinquadern und Ziegeln (preußisches Format) und wirkt aufgrund der glatten Wandfläche wie eine Rekonstruktion.

1914 erstellte Krencker ein Restaurierungskonzept, das er 1922 noch einmal überarbeitete. Darin weist er unter anderem auf die Gefährdung des Gewölbes von Raum 5' durch Witterungseinflüsse hin [**Abb. 12**]. Die älteren Sicherungen bezeichnet er als „bisherige unzulängliche Flickarbeiten". Von Krencker war bei der Sicherung des Gewölbes des Raumes 5' eine Veränderung aus technischen Erwägungen beabsichtigt, bei der die früheren („bisherigen hässlichen") Zementschrägen beseitigt und „das Ganze mehr im Sinne des ursprünglichen schlichten Zustandes, soweit es für die Erhaltung der Substanz wünschenswert ist," ergänzt werden sollte. Nach Schnitt C-D und der Positionsbeschreibung des Konzepts waren die Außenmauern des Raumes 5' durchschnittlich 0,60 m stark, das Gewölbe war aufgrund von (mittelalterlichen) Abarbeitungen noch dünner. Krenckers Restaurierungskonzept sah vor, das Außenmauerwerk zur Herstellung eines dauerhaften Wandabschlusses anstelle der Zementschrägen in Beton hinter Ziegel- und Kalksteinverblendung vollständig zu erneuern, abzutreppen, zu verzahnen und zu verankern sowie schadhaftes Mauerwerk, vor allem an den Schalen, abzunehmen, zu reinigen und nach Möglichkeit wiederzuverwenden. Eine gründliche Reinigung sei Voraussetzung, die größeren herausgebrochenen Öffnungen, Verblendungen und Gurtbögen seien nach dem örtlichen Befund in Trassmörtel auszumauern oder in altem Zustand zu sichern, Risse sorgfältig auszugießen, Fugen, soweit sie Zerstörungen aufweisen, mindestens bis 10 cm tief auszukratzen und neu zu fugen. Das schadhafte Gewölbe sollte an verschiedenen Stellen von oben gereinigt, einige Durchbohrungen zum besseren Vergießen vorgenommen und die Fugen mit Zementmörtel vergossen werden. Gegebenenfalls seien in der Gewölbedecke eiserne Anker einzuziehen sowie die Gewölbe von außen mit Beton abzugleichen. Nach der Ergänzung der senkrechten Mauerschale bis über das Gewölbe sollte eine Besucherplattform mit Geländer geschaffen werden.

Die große Restaurierung von 1928-1937

Krenckers Anregungen im Konservierungskonzept von 1914 wurden während der großen Restaurierung zwischen 1929 und 1931 bei Raum 5' mit einigen Modifizierungen umgesetzt. Die Festigung gelang durch Zementverpressung unter Mitwirkung von Prof. Georg Rüth (Darmstadt und Wiesbaden-Biebrich). Nach der Abnahme der alten „Zementschräge" und der Reinigung wurde auf dem Gewölbe von Raum 5' eine Lage hochkant gestellter Ziegelplatten angetroffen [Abb. 13], auf denen der Rest einer Bruchsteinschicht im Mörtel gesetzt war, die den Unterbau für einen Boden der oberen Gewölberäume (5a') bildete.

13
Trier, Kaiserthermen.
Räume 5' und 5a'.
Gewölbe von Süden, 1930.

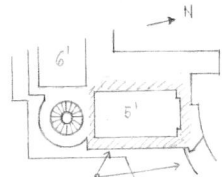

14

Trier, Kaiserthermen.
Raum 5'.
Östlicher Gewölbeschenkel von
Südosten (außen), 1930.

15

Trier, Kaiserthermen.
Raum 5' und Treppenturm
von Osten nach den
Restaurierungen, 1930.

Nach dem Vernadeln und dem Auftrag der Betonschicht [Abb. 14] wurde die Außenseite des östlichen Gewölbes mit einer neuen Schale versehen, die römisches Kernmauerwerk nachahmt [Abb. 15]. Auch die Mauerschale in der Mitte in Höhe des Fensters wurde abgenommen und in Abänderung der Restaurierung Krenckers dem Erscheinungsbild der übrigen Mauern mit verwitterter Oberfläche angepasst; die originalen Lagen des Kernmauerwerks sind wieder erkennbar. Der untere Bereich bei den großen Durchgängen wurde jedoch wie 1914 [Abb. 9] mit ebenen Oberflächen belassen. Der Verpressung des Gewölbemauerwerks von außen entsprachen Sicherungsmaßnahmen von innen, vor allem die von Krencker angeregte Stabilisierung durch Eisenanker. Neben bröckelndem Mauerwerk wiesen das Gewölbe und die Südostecke deutliche Risse auf [Abb. 16]. Für die Gewölbeanker wurden Widerlager im Kernmauerwerk der Ostseite des Raumes 5' und in den drei Ausbrüchen der Ostwand des Caldariums gesetzt, die im unteren Drittel des Raumes 5' liegenden Ausbrüche restauriert, die ergänzten Stellen dabei durch eine rote Fuge und Schieferplättchen markiert. Einzelne Gewölbepartien wurden neu verfugt oder zur Sicherung sogar mit einer Zementschicht versehen [Abb. 3].

16
Trier, Kaiserthermen.
Raum 5'.
Gewölbe von Nordwesten, 1929.

Bei Untersuchungen während der Restaurierungen im August und September 1930 konnte Kurt Nagel beobachten, dass die „Caldariumsmauer mit dem Gewölbe über Raum 5' gleichzeitig" ist, also nicht, wie Krencker meinte, nachträglich erhöht wurde. Die „Entlüftungslöcher" im Scheitel bestehen aus senkrechten Röhren, zu den Seiten des Gewölbes jedoch aus Tubuli, die radial zur Gewölbeoberfläche gesetzt und mit römischem Mörtel gefüllt sind. Unter dem Gewölbekämpfer gibt es im römischen Mauermörtel 43-44 cm tiefe Balkenabdrücke mit gerundeter Oberseite, die nach Nagel zur „Hilfskonstruktion für die Gewölbeschalung" gehören.

Beseitigung von Schäden nach dem Zweiten Weltkrieg

Nachdem 1944 eine Bombe vor dem Kesselraum 5' explodiert war und durch den Druck das Mauerwerk stark beschädigt hatte, erstellte der Statiker C. Reiter (Regierungsbaurat a. D.) im Auftrag des Staatlichen Hochbauamts Trier 1952 ein Gutachten zum „derzeitigen Bauzustand

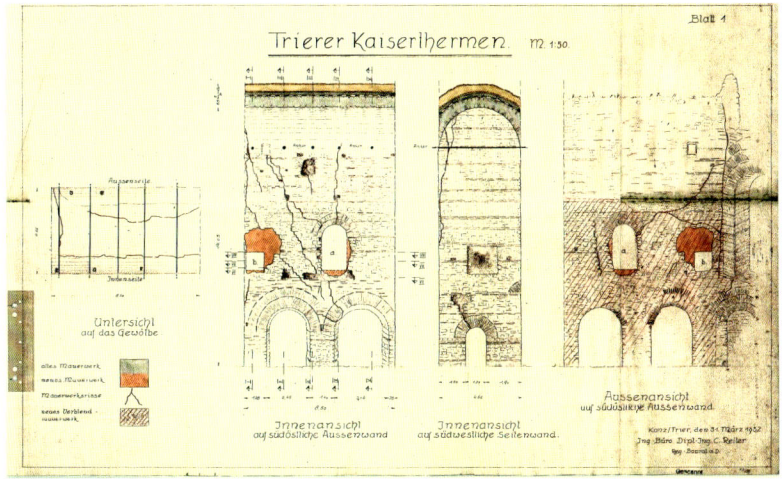

17
Trier, Kaiserthermen.
Risse im Mauerwerk durch
Bombeneinwirkung 1944
nach einem Gutachten von 1952.

18
Trier, Kaiserthermen.
Raum 5'.
Ostseite unmittelbar nach
dem Zweiten Weltkrieg.

und die notwendigen Sicherungsmaßnahmen zur Erhaltung des Kesselraumes der Trierer Kaiserthermen". Druck, Gegendruck und Sog während der unterschiedlichen Phasen der Detonation deformierten die Mauer im Mittel 0,20-0,25 m in horizontaler Richtung, indem sie den mittleren Teil stark nach innen ausbauchten; es entstanden Risse, die die äußere und innere Struktur der Mauer zerstörten. Unter anderem wurde das Mauerwerk in mehrere Flächen gespalten, bei denen sich die Schale vom Kernmauerwerk löste. Am stärksten wurde die Ostmauer beschädigt, während das 1930 mit Anker versehene und verpresste Gewölbe beim Explosionsdruck stabilisierend wirkte. Das Mauerwerk zwischen den mittleren Öffnungen war völlig von Rissen durchzogen [Abb. 17], hatte die Schale verloren und wies keine Stabilität mehr auf [Abb. 18]. Der vor dem Krieg noch erhaltene südliche Schenkel der kleineren Öffnung in der Nordostecke und die südliche Wange waren ausgebrochen, die Bögen über den großen Durchgängen heruntergestürzt. Der Explosionsdruck hatte auch bei dem anschließenden Fenster der Caldarium-Apsis a zu einer Verlagerung der Kämpferfuge sowie im Gewölbe des Raumes 5' zu Längsrissen geführt. Der Riss in der Südostecke, der nach der Dokumentation von 1929 geschlossen worden war, ging wieder auf [Abb. 16].

19
Trier, Kaiserthermen.
Raum 5'.
Ostseite, 1983.

Im Plan für die dringend notwendige Restaurierung war eine Verpressung der Risse vorgesehen, bei der das Mauerwerk zwischen den mittleren Öffnungen mithilfe von Vernadeln und einer Verstärkung durch ein Baustahlgewebe ergänzt werden sollte. Die Längsrisse im Gewölbe sollten geschlossen und der Gewölberücken torkretiert sowie mit einem Zementglattstrich und mit einer doppelten Isolierung mit Wollfilzpappe gegen Nässe versehen werden. Die Gewölbe der großen Durchgänge hielt Reiter trotz starker Beschädigung für stabil genug, um ohne die Zumauerung aus der Zeit vor 1900 auszukommen. Die folgenden Restaurierungsmaßnahmen wurden nicht dokumentiert, jedoch lassen sie sich mithilfe von Fotos vor der Restaurierung von 1983 sowie den um 1970 und 1984 verwendeten Mörteln identifizieren. Zu dieser Restaurierung gehören der Bogen der kleinen Öffnung sowie die Bögen der beiden großen Durchgänge und des Fensters darüber. Die Mauerschalen der großen Durchgänge wurden im Gegensatz zur früheren Restaurierung mit unregelmäßiger Oberfläche ergänzt, das Mauerwerk darüber als Kernmauerwerk gegen eine Holzschalung bis zur genannten Absatzkante [Abb. 19], wobei die römischen Gerüstlöcher deutlich zum Vorschein kamen.

Restaurierungen um 1970

Während der nach den Ausgrabungen unter der Palaestra unternommenen Restaurierungen und Rekonstruktionen unter Wilhelm Reusch wurden auch einige Stellen der Mauerschale in der Südostecke des Caldarium-Hauptraumes C restauriert und ergänzt [**Abb. 20**] und dabei auch römische Putzflächen gesichert. Die dabei verwendeten neuen, exakt rechteckigen Steine erscheinen auffallend groß, obwohl die Höhe der römischen Steinlagen weitgehend beibehalten ist.

Die Restaurierungen von 1983/84

Im Rahmen der Ergänzung der Fensterbögen der Apsis a auf Veranlassung des Direktors des Rheinischen Landesmuseums, Heinz Cüppers, im Jahre 1983/84 wurden auch die anschließenden Räume vom Staatsbauamt (heute Landesbetrieb Liegenschafts- und Baubetreuung) restauriert. Die entsprechenden Stellen lassen sich leicht an der Verwendung frischer, scharfkantiger Kalksteine und ziegelsplitthaltigem Kalkmörtel erkennen. Durch die Abstrahlung des ergänzten und verfugten Mauerwerks mit Sand erhielt der Fugenmörtel eine raue Erscheinung mit deutlich zutage tretenden Zuschlägen. Im Kesselraum 5' wurden Stellen in der Mitte der Südwand, in der Mitte der Westwand und am Pfeiler in der Nordwestecke restauriert. Im oberen Bereich der Nordwand wurde der Durchbruch an der Stirnseite des Gewölbes [**Abb. 20**] mit alternierenden Lagen aus Bruch- und nachgebrannten Ziegeln zugemauert, die nicht dem reinen, erhaltenen Ziegelmauerwerk im nördlichen Raum 5' entsprechen. Der mittelalterliche Durchbruch in der Westwand des Raumes 5' zum ehemaligen Caldarium-Hauptraum C wurde zugemauert, der untere Teil der Südostecke an seiner Außenseite wieder ergänzt und die Krone des Maueransatzes der Ringmauer zwischen den großen Durchgängen gesichert [**Abb. 21**]. Der Absatz an der Südostecke ist nun auf der Höhe der Unterkante der Gesimsblöcke am Rundturm rekonstruiert.

21
Trier, Kaiserthermen.
Treppenturm und Räume
5' und 6' von Südosten, 1984.

Die West- und die Nordwand des Raumes 5a' über dem Kesselraum 5' wurden bis auf die Gewölbeansätze in der Westwand umfangreich restauriert beziehungsweise ergänzt [Abb. 24]. Während der originale Zustand nur Kernmauerwerk zeigte, beschränkt die rekonstruierte Schale willkürlich die Ausdehnung der einbindenden Gewölbeansätze, die als ,archäologisches Fenster' gerahmt erscheinen, im Gegensatz zum Zustand, den Schmidt 1845 gezeichnet hat [Abb. 5]. Auf dem erhaltenen Gewölbebogen an der Nordwand wurden gut 0,60 m Verschleißschichten in Opus-vittatum-Nachahmung aufgemauert und als Kernmauerwerk bis zur Ostwand des Caldariums C geführt. Auf der Mauerkrone ist nun jedoch eine Rinne mit Zementsohle zur Entwässerung anstatt der sonst üblichen gewölbten Kronen eingebaut.

Die Restaurierung von 2015-2020

Bei den Bestandsaufnahmen zur Restaurierung von 2015-2020 wurde mit dem Bauhistoriker Dr. Martino Latorre überlegt, ob es sich bei den Röhren im Gewölbe des Kesselhauses 5' um die von Klaus Nohlen an anderen Thermen festgestellte Vorrichtung handelte, die dazu diente, „nach dem Abbinden des Gewölbes das Lehrgerüst mit einer Winde von oben abzulassen" (Nohlen 2009); danach wurden die Röhren mit dem Mörtel verschlossen, den Kurt Nagel festgestellt hatte. Die Balken, die in den horizontalen Löchern unter der Kämpferlinie saßen, gehörten zuerst zum Lehrgerüst, später bildeten sie Hilfskonstruktionen für die Bedienung des Kessels und (wahrscheinlich) eines Wassertanks.

Bei den Bestandsaufnahmen in der Südostecke des Caldariums C wurden horizontale Abbindfugen, die auf ein abwechselndes Hochmauern einzelner Bereiche des monumentalen Bauwerks hinweisen, festgestellt. Die abgeplatzten und geröteten Steinköpfe, die mit römischem Mörtel ergänzt sind, deuten auf einen Brand der Holzgerüste während des Baus hin.

Nach der Abnahme der äußeren Mauerschicht der Restaurierung von 1930/31 wurde wie damals die Schale unterhalb der Kämpferlinie der unteren Fensterbögen senkrecht, ab dieser Linie schräg gemauert und als Mauerkern angedeutet. Das Mauerwerk erhielt möglichst dicht geschlossene Fugen [Abb. 14; 22]. Die noch vorhandenen horizontalen Tubuli wurden sichtbar restauriert oder ergänzt [Abb. 23], jedoch verzichtete man auf die Wiederherstellung der Tubuli- und Lochreihen, die auf älteren Fotos zu erkennen waren. Der feste, originale Teil am Ziegelbogen des mittleren ‚Fensters‘ wurde belassen. Die Rahmung des kleinen mittelalterlichen Fensters in der Nordostecke in Kämpferhöhe, das durch die Mauerschale der Restaurierungen von 1929-1931 quasi in den Mauerkern zurückversetzt war, erhielt eine Betonung durch einen neuen breiten Steinrahmen. Die Mauerschale des Absatzes in der Südostecke wurde geschlossen und mit einer doppelten Ziegellage versehen. Bei der Restaurierung der Oberseite des Gewölbes von Raum 5‘ hatten ihre Stabilisierung und Isolierung Vorrang vor der Wiederherstellung der (früher) erhaltenen Innenkante der Ostwand des darüber liegenden Raumes 5a‘. Die originalen Gewölbeansätze an der Westwand des Raumes 5a‘, die seit 1984 quasi als ‚archäologisches Fenster‘ in der Westwand im Schalenmauerwerk eingeschlossen sind [Abb. 24], wurden stabilisiert. Archäologische Untersuchungen während der Restaurierungsmaßnahmen ließen drei Gewölbereste erkennen, die sowohl nach Norden als auch nach Osten geneigt sind. Das südliche Gewölbe ist kleiner, besteht aus radial gesetztem Ziegelmauerwerk und nahm ursprünglich den gesamten südlichen Teil des Raumes 5a‘ ein, wie auf der Ansicht von Schmidt von 1845 zu sehen ist [Abb. 5]. Der von Krencker ermittelte Innenradius wurde bei der Dokumentation bestätigt (73-78 cm). Von dem nördlichen Teil ist der Bogenansatz nur im vorkragenden Kernmauerwerk erkennbar. Sein Kämpfer liegt auf derselben Höhe wie der des südlichen Ziegelgewölbes, sein Radius entspricht jedoch den Radien des Wandbogens an der Nordwand und den Fensterbögen der Apsis a (ca. 1,70 m). Die dritte Wölbung macht den Eindruck einer Viertelkalotte, deren Radien sich aufgrund fehlender Oberflächen nicht ermitteln lassen. Der von Krencker an dieser Stelle rekonstruierte Treppenturm ist an den Gewölberesten im Kernmauerwerk nicht zu erkennen. Unter den Gewölbeansätzen gibt es eine Reihe (römischer) Balkenlöcher mit rechteckigem Durchmesser. Sie verlaufen durch das gesamte Mauerwerk und bilden an der Ostwand des Caldariums C runde Gerüstlöcher. Im ‚Boden‘ des Raumes 5a‘ befinden sich vor dem Mauerwerk der Westwand fünf Röhren (Tubulistränge) des Kesselraumgewölbes, die man bei der Festigung des Gewölbes im Jahr 1930 oder 1952 mit Kästen gesichert hatte [Abb. 24]. Bei der Restaurierung wurden die Kästen abgenommen und die Verschlusssteine tiefer gelegt. Der Boden erhielt eine neue, von der abgebrochenen Mauerkante der Ost- und Südmauer eingefasste Zementschicht und eine Auffüllung mit Erdreich.

22
Trier, Kaiserthermen.
Raum 5'.
Östlicher Gewölbeschenkel
von Südosten während der
Restaurierung, 2018.

23
Trier, Kaiserthermen.
Raum 5'.
Östliche Außenmauer von Osten.

24
Trier, Kaiserthermen.
Raum 5a'.
Westmauer mit Gewölben
von Osten während der
Restaurierung, 2019.

Bei der Restaurierung der Südostecke des Caldariums [**Abb. 1**; **11**; **20**] wurde versucht, so viel originale Substanz wie möglich zu retten. Es bestand jedoch die Gefahr, dass die Mauerschale sich in mehreren Schichten ablösen und ein Vernadeln deshalb nicht ausführbar sein würde. Lose alte Ausflickungen mit Zementmörtel wurden entfernt und durch neue mit Kalkmörtel ersetzt. Die Verschlussmauern der drei großen Ausnehmungen im oberen Drittel der Mauer wurden entfernt, um an die Widerlager der Anker zu kommen, die erneuert werden mussten. Sie sind zurzeit nur provisorisch verschlossen. Die vollständige Vermauerung wird im zweiten Restaurierungsabschnitt erfolgen.

Fazit

Der 2015-2020 durchgeführte erste Abschnitt der Restaurierungen an der Südostecke der Kaiserthermen wurde an statisch wie konservatorisch diffizilen Stellen unternommen: Die Räume gehören zu den am höchsten erhaltenen Räumen und weisen Gewölbedecken auf; sie verfügen noch über viel originale Bausubstanz, die umfangreich dokumentiert ist; sie haben in den letzten 100 Jahren eine größere Beschädigung und mehrere Restaurierungen erfahren.

Bei der aktuellen Restaurierung hatte, wie in den früheren Restaurierungsphasen, die statische Festigung Priorität, damit die Sicherheit der Besucher und die Erhaltung der originalen Substanz gewährleistet würden. Diese ist an der östlichen Außenseite aufgrund der vorausgegangenen Restaurierungen stark überprägt, im kaum noch sichtbaren Mauerkern aber noch vorhanden. Eine Rekonstruktion hat damit nicht stattgefunden. Im Inneren des Raumes 5' und in der Südostecke des Caldariums C konnte noch viel römisches Mauerwerk mit mittelalterlichen Nutzungsspuren sichtbar erhalten werden. Flankiert wurde die Restaurierung durch archäologische Bestandsaufnahmen vor und während der Maßnahmen, durch die Hinweise auf die zu restaurierenden Mauerbefunde gegeben sowie neue Erkenntnisse zum Monument gewonnen werden konnten.

Literatur

H. Cüppers, Die Kaiserthermen in Trier. Zerstörung, Konservierung und Restaurierung. Trier-Texte 5 (Trier 1985). – H. Cüppers, Konservierung. Restaurierung und Rekonstruktion antiker Baudenkmale im Stadt- und Landgebiet von Trier. In: Konservierte Geschichte? Antike Bauten und ihre Erhaltung. Hrsg. von G. Ulbert/G. Weber (Stuttgart 1985) 99-116. – H. Cüppers, Die Kaiserthermen in Trier. Zerstörung, Erforschung, Konservierung und Rekonstruktion. In: Rekonstruktion in der Denkmalpflege. Schriftenreihe des deutschen Nationalkomitees für Denkmalschutz 57 (Bonn 1997) 25-32. – M. Dodt, 100 Jahre Ausgrabungen und Restaurierungen an den Trierer Kaiserthermen. Funde und Ausgrabungen im Bezirk Trier 44, 2012, 97-115. – M. Dodt, 200 Jahre Ausgrabungen an den Trierer Kaiserthermen. Die Forschungen von Carl Friedrich Quednow und ihre Bedeutung. Funde und Ausgrabungen im Bezirk Trier 49, 2017, 124-139. – M. Dodt, Kaiserthermen. In: Jahresbericht 2016-2017. Trierer Zeitschrift 83/84, 2020/21, 366-371. – M. Dodt/M. Latorre, Neue Untersuchungen an den Trierer Kaiserthermen. Kurtrierisches Jahrbuch 53, 2014, 13-30. – Jahresbericht 1929. Trierer Zeitschrift 5, 1930, 159-160. – Jahresbericht 1930. Trierer Zeitschrift 6, 1931, 183. – D. Krencker u. a., Die Trierer Kaiserthermen 1. Ausgrabungsbericht und grundsätzliche Untersuchungen römischer Thermen. Trierer Grabungen und Forschungen 1,1 (Augsburg 1929). – K. Nohlen, Röhren im Scheitel. In: Bautechnik im antiken und vorantiken Kleinasien. Internationale Konferenz 2007 in Istanbul. Hrsg. von M. Bachmann. Byzas 9 (Istanbul 2009) 409-427. – W. Reusch, Ausgrabungs- und Konservierungstechnik antiker Baureste im Großstadtgebiet. Kurtrierisches Jahrbuch 11, 1971, 174-184. – Ch. W. Schmidt, Die Baudenkmale der römischen Periode 2. Die Baudenkmale der römischen Periode und des Mittelalters in Trier und seiner Umgebung 5 (Trier 1845).

Abbildungsnachweis

Abb. 1-2; 23 Th. Zühmer, RLM Trier.

Abb. 3 M. Dodt, RLM Trier, Digi-EV 2010,163-00163.

Abb. 4 RLM Trier, Foto KP 70.

Abb. 5 nach: Schmidt 1845 Taf. 12.

Abb. 6 RLM Trier, Planarchiv, Skizzenbuch KTh. Krencker 1913, S. 11.

Abb. 7 H. Lehmann, RLM Trier, Planarchiv, KTh (Vorlage für Krencker u. a. 1929 Abb. 87a/b).

Abb. 8 RLM Trier, Planarchiv, KTh (Vorlage für Krencker u. a. 1929 Abb. 84b).

Abb. 9 RLM Trier, Foto KP 433.

Abb. 10 Landesdenkmalpflege Mainz (GDKE), ID 78905 (Luftbild von Südosten).

Abb. 11 Landesdenkmalpflege Mainz (GDKE), ID 78905, Nr. 20889, R5534.

Abb. 12 RLM Trier, Planarchiv, KTh, Kostenermittlung für die Restaurierung der Kaiserthermen 1914/22 von D. Krencker, Blatt 3.

Abb. 13 RLM Trier, Foto KTR 85.

Abb. 14 RLM Trier, Foto KTR 57.

Abb. 15 RLM Trier, Foto RB 40,054.

Abb. 16 RLM Trier, Foto KTR 3.

Abb. 17-18 Landesbetrieb Liegenschafts- und Baubetreuung, Niederlassung Trier, Gutachten Reiter 1952, Ansichten; Foto 09c.

Abb. 19 H. Thörnig, RLM Trier, Foto RD 1983,8.

Abb. 20 H. Thörnig, RLM Trier, Foto RD 1983,15a.

Abb. 21 H. Thörnig, RLM Trier, Foto RE 1984,49/11.

Abb. 22 M. Dodt, RLM Trier, Digi-EV 2019,174-00026.

Abb. 24 M. Dodt, RLM Trier, Digi-EV 2019,174-00029.

Clemens Brünenberg
Martin Kim

Augmented Reconstruction in den Trierer Barbarathermen

Ein immersiver und kollaborativer
Rekonstruktionsansatz für die
archäologische Bauforschung

Nahezu alle Medien antiker Lebenswelten sind dreidimensional, insbesondere natürlich die Architektur. Daher mag es nur konsequent sein, dass die Erforschung, Rezeption und Vermittlung antiker Architektur ebenso in dreidimensionalen Medien erfolgt. Dass dies am Standort Trier nicht nur angewendet, sondern weiterentwickelt wird, zeigt sich an Projekten, in denen antike Architektur zeitgemäß vermittelt wird. Hier zählt die 2020 veröffentlichte Augmented-Reality-App ARGO (www.ar-route.de. – Cordie u. a. 2020), die aus dem Forschungsprojekt „ARmob – Antike Realität mobil erleben" der Universität Trier hervorging (Schmitz/Kronenberg 2015), zu den umfangreichsten Anwendungen auf diesem Gebiet. Mit der App können bis zu 110 archäologische und historische Denkmäler in Rheinland-Pfalz und Luxemburg am Originalstandort virtuell eingeblendet und so eine ausgedehnte Entdeckungsreise in die Vergangenheit unternommen werden. Diese sehr intuitive wie innovative Technik hat nicht zuletzt aufgrund der leichten Verfügbarkeit durch Smartphones oder Tablets, die in den meisten Haushalten vorhanden sind, einen berechtigten Platz in der Vermittlung kulturellen Erbes (Schmitz/Kronenberg 2015, 48). Gleichzeitig überrascht es, dass das Potenzial von augmented-reality-gestützten Anwendungen und Methoden in der altertumswissenschaftlichen beziehungsweise architekturbezogenen Forschung wenig Beachtung findet. Umso erfreulicher ist, dass sich ein in der hochinnovativen Augmented-Reality-Landschaft Triers durchgeführtes Pilotprojekt dieses Desiderats annimmt.

Zentrale Begriffe und Ziele

Angesiedelt ist das seit November 2019 von der Deutschen Forschungsgemeinschaft (DFG) finanzierte Projekt im Fach Klassische Archäologie, Fachbereich Architektur der Technischen Universität Darmstadt unter der Leitung von Dr.-Ing. Clemens Brünenberg; enge Kooperationen bestehen mit der Hochschule Mannheim, Fakultät für Gestaltung (Prof. Dr.-Ing. Martin Kim), dem Rheinischen Landesmuseum Trier (Dr. Marcus Reuter, Dr. Karl-Uwe Mahler) sowie dem Architekturreferat an der Zentrale des Deutschen Archäologischen Instituts, Berlin (Claas v. Bargen). Der offizielle Titel „Augmented Reality als Rekonstruktionswerkzeug der Bauforschung. Interdisziplinäre Methodenentwicklung in den Mixed Realities am Beispiel der römischen Weltkulturerbestätten Triers" wurde zu „Augmented Reconstruction" verkürzt, um Ziel und Arbeitsweise plakativ darzustellen.

Die übergeordnete Zielstellung sieht vor, ein neues Werkzeug für Forscher und Forscherinnen zu entwickeln, mit dem bisherige Methoden dreidimensionaler Rekonstruktionen neu gedacht und mithilfe von Augmented Reality erstmals an den Ort des Geschehens, nämlich die zu untersuchende Architektur, gebracht werden können. Dabei sind zwei Begriffe von zentraler Bedeutung und bedürfen einer kurzen Erläuterung: Rekonstruktion und Augmented Reality.

Eine der grundlegenden Arbeitsweisen der archäologischen Bauforschung und der Altertumswissenschaften ist die Erstellung von dreidimensionalen Vorschlägen zur Rekonstruktion nicht mehr erhaltener Gebäude. Diese erfolgt anhand der Auswertung digitaler Daten und ermöglicht, unterschiedliche Varianten, Bauphasen, Kontexte, aber auch Unschärfen darzustellen (Lengyel/Toulouse 2011, 182-184. – Fless u. a. 2016, 499-501). Das Rekonstruktionsmodell ist somit ein wissenschaftliches Werkzeug und grenzt sich in unserem Sinne deutlich von einer Visualisierung ab, da letztere eine grafische Vermittlung darstellt (Hoppe/Breitling 2016, 11). Während Visualisierungen zumeist Endprodukte von Forschungen repräsentieren, also in aller Regel visuell ansprechend aufbereitete Darstellungen umfassen, ist das Rekonstruktionsmodell gerade in frühen Phasen der Forschung ein Kommunikationsmedium zur Aufstellung und Überprüfung von Hypothesen. Bei der Verwendung des Begriffs Rekonstruktion im Folgenden ist diese Eigenschaft besonders relevant.

Der zweite zentrale Begriff in diesem Kontext ist Augmented Reality (AR). Dabei wird die unsere Umwelt durch virtuelle, digitale Informationen angereichert, wodurch die Realitätswahrnehmung erweitert werden kann. Kennzeichnend dabei ist, dass man im Gegensatz zur mittlerweile weit verbreiteten Virtual Reality (VR) jederzeit einen Bezug zur realen Umgebung hat und behält. Diese Technologie wird beispielsweise bei Sportübertragungen schon über viele Jahre standardmäßig verwendet (Abseitslinien beim Fußball, Weitsprungmarkierungen u. Ä.). Größere Bekanntheit erlangte die AR jedoch über die Verbreitung der Smartphones und Tablets. Dies ermöglichte neuartige Erlebnisse im Spielebereich (zum Beispiel Pokémon Go) oder in der Kulturarbeit wie mit der eingangs erwähnten App ARGO der Universität Trier oder dem Projekt Florence 4D der Universitäten Exeter und Cambridge (www.florence4d.org). Wesentlich bei diesen AR-Anwendungen ist die dynamische, sich an den Standort und die Körpergröße anpassende Abbildung der virtuellen Informationen (Broll 2013, 241-242). Dies schließt bei all den genannten Projekten, auch dem hier vorgestellten, ein Anzeigegerät ein.

1

AR-Brille Holo Lens 2.
Diese veränderte, mit einem
Bauhelm ausgestattete Version
der Firma Trimble ist besonders
gut im Außenbereich, etwa auf
Baustellen und in antiken
Stätten, einsetzbar.

Während dies in Vermittlungsanwendungen zumeist ein Smartphone oder Tablet ist, wird im forschungsbezogenen Kontext eine AR-Brille verwendet, namentlich die Holo Lens 2 von Microsoft [**Abb. 1**]. Sie bringt mehrere Vorteile mit sich, die wesentlich zum Erfolg dieser Technologie beitragen. Zuerst ist die gesteigerte immersive Wirkung zu nennen. Immersion bedeutet die Aktivierung möglichst vieler Sinneswahrnehmungen in Bezug auf ein Ereignis. Die AR-Brille projiziert die virtuellen Inhalte, in diesem Fall dreidimensionale Hologramme, direkt vor dem Auge; gleichzeitig interagieren diese mit der realen Umwelt. Ermöglicht wird das über verschiedene in die Brille integrierte Kameras, die die Umgebung scannen. Diese sogenannte Spatial Awareness ist eines der Kernmerkmale der AR-Brille und führt dazu, dass die Umgebung nicht nur gefilmt, sondern in einfache dreidimensionale Geometrien umgerechnet wird. So kann die Umgebung als ein geometrisches Abbild gesehen werden [**Abb. 2**]. Die Interaktion mit den virtuellen Informationen und Objekten wird bei der Holo Lens 2 über zwei Wege ermöglicht. Die übliche Steuerung erfolgt per Handgesten, die von den eingebauten Kameras erkannt und umgesetzt werden.

2

Sicht durch die Brille.
Unmittelbar vor dem Auge
werden virtuelle Inhalte
projiziert, hier der virtuelle
Scan der Umgebung.

So entspricht beispielsweise ein Aneinandertippen von Daumen und Zeigefinger einem Mausklick oder das Aneinanderhalten dieser beiden Finger dem Ziehen bei geklickter Maus. Darüber hinaus können sprachgesteuerte Befehle eingebaut werden. Diese Technik ermöglicht generell präziseres Arbeiten, da solche Befehle genauer definiert werden können; gleichzeitig erfordert sie eine sehr deutliche Aussprache, zunächst unabhängig von der verwendeten Sprache, sodass häufig auf die universelle Handgesten-Steuerung zurückgegriffen wird.

Zuletzt sollte die Softwarekonfiguration erwähnt werden. Im Kontext von VR und AR wird zumeist mit Softwareumgebungen gearbeitet, die überwiegend in der Spieleindustrie Verwendung finden, namentlich die Unreal Engine oder Unity. Letztere wurde in unserem Projekt dafür benutzt, die App „Augmented Reconstruction" zu programmieren.

Neue Methode der Rekonstruktion

Bei der Betrachtung bisheriger Arbeitsweisen in der historischen Bauforschung oder in den objektbezogenen Altertumswissenschaften gibt es eine immer wieder auffallende Diskrepanz: Im gesamten Zyklus der Erforschung eines Objektes, in diesem Fall besonders jeglicher Form historischer Architektur, kam es bisher unweigerlich zu einem Bruch. Während die Dokumentation, Aufnahme, Analyse und Erforschung historischer Architektur stets am untersuchten Gebäude selbst durchgeführt wird, ist die Rekonstruktion des Gebäudes – zunächst unabhängig davon, ob sie zwei- oder dreidimensional erstellt wird – vom tatsächlichen Bestand vor Ort abgekoppelt. Abgesehen von diversen Skizzen, Notizen und Diskussionen wird die Rekonstruktion in aller Regel am heimischen Computer oder im Büro durchgeführt. Der Abgleich mit der Situation vor Ort, die erneute Diskussion mit allen Beteiligten und die anschließende Überarbeitungsphase sind oft zeitraubend und können mitunter zu unbefriedigenden oder gar falschen Ergebnissen führen. Erste dreidimensionale Rekonstruktionsversuche tragen jedoch zum Verständnis des gebauten Raumes bei. Entscheidend ist, dass alle Beteiligten eines Projektes, die in der Regel aus verschiedenen Fachgebieten kommen, eine klare Kommunikationsbasis haben: Sprechen alle über dieselbe Mauer, über dasselbe konstruktive Detail, über denselben umgebauten Raum? Sprechen am Ende also alle über dieselbe Rekonstruktionsidee eines Gebäudes? In diesem Prozess werden wichtige Forschungshypothesen aufgestellt, widerlegt oder neu interpretiert.

Dass dieser Prozess durch ein AR-basiertes Werkzeug visualisierbar und dadurch für alle Projektbeteiligten am Untersuchungsobjekt direkt erfahrbar und veränderbar wird, ist der Ansatz unseres Forschungsprojektes. In einer zweijährigen Pilotphase geht es daher primär darum, die technischen und methodischen Grundlagen für dieses Werkzeug zu erstellen und an ausgewählten römischen Bauwerken in Trier zu testen. Im Fokus stehen dabei insbesondere die Barbarathermen.

3

Trier, Barbarathermen.
Im Heizraum kann der
antike Bestand mithilfe der App
digital ergänzt werden.
Der rote Baukörper wird an den
vorhandenen Pfeiler angepasst.

Die Wahl dieses Gebäudekomplexes erfolgte aus mehreren Gründen: Zum einen sind die Barbarathermen vorwiegend in Fundament- und Substruktionsmauern erhalten, zum anderen folgen sie einer weitestgehend klaren Typologie, gehören aber durch die von Anfang an eingeplante Heiztechnik und Wasserversorgung zu einem der komplexesten antiken Bautypen. Dies lässt die Barbarathermen gleichsam zu einem idealen Untersuchungs- und Testobjekt einer Rekonstruktion vor Ort werden. Gleichzeitig schwingt eine weitere Komponente mit, die in der ersten Pilotphase noch nicht zum Tragen kam, aber im Fortgang des Projektes an Bedeutung gewinnen wird. So können mit dieser neuen Methodik auch immanente Fragen zur Denkmalpflege und zum Kulturerhalt noninvasiv diskutiert werden [Abb. 3]. In direkter Verbindung mit dem baulichen Bestand – und auch mit vorherigen Restaurierungsphasen – können Sanierungsmaßnahmen und Rekonstruktionsvarianten besprochen werden. Der Mehrwert eines solchen Ansatzes für exponierte Gebäude wie die Barbarathermen liegt dabei auf der Hand.

Doch wie sehen die Arbeiten in der AR vor Ort aus? Grundsätzlich besteht der methodische Ansatz aus drei Stufen: 1. vorbereitende Bauaufnahme; 2. Verankerung der virtuellen Rekonstruktionsszene in der realen Umgebung durch die App; 3. Modellierung der Rekonstruktion.

4

Trier, Barbarathermen.
SfM-Modell des Untergeschosses
des Tepidariums.

Die notwendige Dokumentationsgrundlage unterscheidet sich dabei nicht von anderen Methoden der Erforschung historischer Architektur. Als Basis dienen selbstverständlich ein Verständnis und eine genaue Bauaufnahme des Gebäudes, wie sie heute in aller Regel als Standard anzunehmen ist. Diese Aufnahme muss allerdings zwingend dreidimensional sein, damit sie später weiterverarbeitet werden kann. In Trier erfolgte sie weitestgehend nach dem Structure-from-Motion-Verfahren (SfM), einer Methodik der Photogrammetrie. Dabei werden vom Aufnahmeobjekt aus allen Winkeln Fotografien erstellt, die mit Spezialsoftware in Geometrien umgerechnet werden können. Das Ergebnis der Aufnahme ist schließlich ein dreidimensionales Modell des Bestandes [Abb. 4]. Ergänzend zu den SfM-Modellen wurden vereinzelt Laserscans angefertigt.

Die App „Augmented Reconstruction" ist einfach und intuitiv aufgebaut. Neben der Möglichkeit, neue Rekonstruktionsszenen anzufertigen oder alte Szenen zu laden, stehen Funktionen zum Import von 3D-Modellen und Export der erstellten Szenen zur Verfügung. Über den Import von 3D-Modellen können beispielsweise erhaltene Bauteile wie Kapitelle, die sich nicht zwingend in situ befinden, eingebunden werden. Das gilt ebenso für ausgestellte Objekte. Bei der Anlage einer neuen Rekonstruktionsszene wird die Brille auf die reale Umgebung eingestellt, da die Abbildung der virtuellen Inhalte in der AR, wie zuvor beschrieben, in Abhängigkeit vom aktuellen Standort der Nutzer und Nutzerinnen wiedergegeben wird. So berücksichtigt die AR-Brille beispielsweise sehr genau die Körpergröße, wodurch die Positionierung derselben Rekonstruktion bei zwei Personen unterschiedlich wahrgenommen werden könnte.

Eine einheitliche Verankerung wiederum wird durch fest angebrachte QR-Codes garantiert, die als Speicher- und Einfügepunkt der Rekonstruktion funktionieren. Danach kann die Modellierung der Rekonstruktion vorgenommen werden. Diese verläuft nach den Prinzipien herkömmlicher 3D-Modellierungssoftware. Über eine Bauteilbibliothek können einfache Körper wie Quader, Kugeln, Zylinder oder Pyramiden als virtuelle Inhalte der Realität hinzugefügt werden [Abb. 5]. Des Weiteren umfasst die Bibliothek einen Grundstock an definierten, immer wieder auftretenden Bauteilen, wie zum Beispiel Tubuli oder Hypokaustpfeiler für Thermen, und jeglichen importierten Bauteilen. Das Bearbeiten der Bauteile, also Bewegen, Drehen und Skalieren, erfolgt durch Schieberegler oder direkte Eingabewerte, wodurch eine präzise Anpassung der Objekte an den realen Bestand ermöglicht wird. Die genaue Positionierung der Objekte im dreidimensionalen Raum erfolgt durch die Spatial Awareness der Holo Lens 2, das heißt, die Geometrieerkennung der realen Umgebung. Diese Umgebungsgeometrie dient gleichsam als Anker- und Bodenpunkt der Objekte. Der besondere Nutzen dieses Ansatzes liegt darin, die Rekonstruktion vor Ort in Zusammenarbeit mit einer breit aufgestellten Expertengruppe durchführen zu können. Dazu wird die Sicht der rekonstruierenden Person live auf andere Geräte gestreamt, damit die übrigen Personen dasselbe sehen können. Entscheidend dabei ist, dass der Stream standortunabhängig über eine Direktverbindung oder das Internet erfolgen kann. So können die ersten Rekonstruktionsmodelle vor Ort von einem interdisziplinären Team erstellt und jederzeit beliebig viele Experten und Expertinnen hinzugeschaltet werden, um Verbesserungen vorzuschlagen und Modellvarianten zu diskutieren.

Dieser grundlegend neuartige methodische Ansatz wurde in den Barbarathermen in Trier an verschiedenen Räumlichkeiten ausprobiert. Gleichzeitig wurde der Test durch die Fragestellung erweitert, ob und wie es damit möglich sein kann, unsichtbare, da nicht freigelegte oder überbaute, Elemente der Badeanlage virtuell vor Ort sichtbar zu machen.

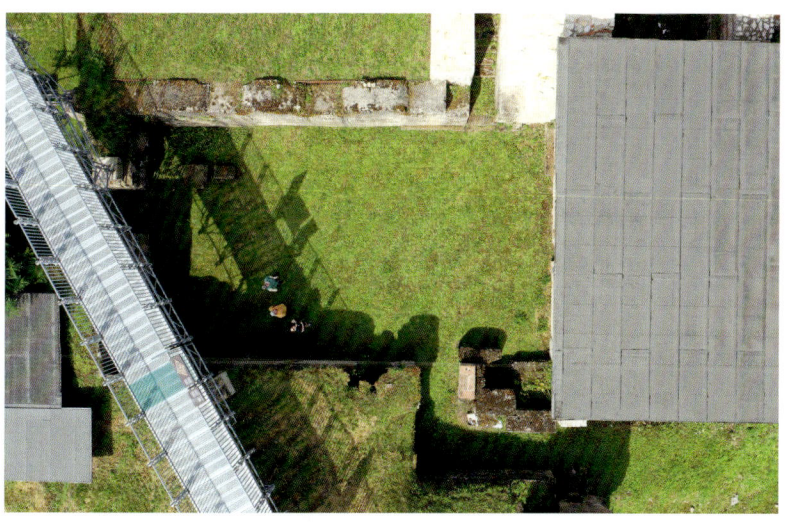

6
Trier, Barbarathermen.
Untergeschoss des Tepidariums.

Die Arbeiten konzentrierten sich auf das Untergeschoss des Tepidariums [**Abb. 6**], die erhaltenen Heizgänge und den Heizraum 12a. Diese Räumlichkeiten wurden zunächst vorwiegend mittels SfM, teilweise mittels Laserscanner dokumentiert [**Abb. 7**]. Danach wurden die verschiedenen Zwischenstände der App in den Räumen getestet. Dabei fielen mehrere Dinge auf. So mussten verschiedene Hürden, Probleme und technische Fehler überwunden werden, um die App schrittweise zu verbessern. Insbesondere die Bearbeitung der Objekte im Raum stellte eine große Herausforderung dar, die mittlerweile jedoch gemeistert ist. Damit ist die grundsätzliche Funktionalität der App gegeben, wenn auch im weiteren Projektverlauf noch mehr an der Benutzerfreundlichkeit im Allgemeinen gearbeitet werden muss.

7
Trier, Barbarathermen.
Aufnahme der SfM-Modelle
des Heizgangs, August 2021.

Gleichzeitig wurde das Potenzial dieses methodischen Ansatzes deutlich: Augmented Reconstruction kann ein mächtiges, flexibel einsetzbares Werkzeug bei Ausgrabungen und im Kulturerhalt werden. Insbesondere bei unklaren oder schlecht erhaltenen Befunden kann die App ersten Einschätzungen der Architektur dienen.

Ausblick

Im nächsten Projektabschnitt ist vorgesehen, die rein technische Machbarkeitsausrichtung zu verlassen und die neuartige Methode der Augmented Reconstruction in konkrete Projekte mit einer stärkeren historisch-inhaltlichen Fragestellung zur Heiztechnik und Wasserversorgung römischer Thermen einzubinden. Geplant ist eine Vernetzung der beiden großen Bereiche Forschung und Vermittlung. So bringt Augmented Reconstruction erstmals in der Auseinandersetzung mit historischer Architektur die Rekonstruktion unmittelbar ans Untersuchungsobjekt und stellt somit eine Bereicherung für die methodische Forschungslandschaft in der historischen Bauforschung, Archäologie, Kunstgeschichte und Denkmalpflege dar; spannend und transparent wird der Ansatz durch die digitale Vernetzung von öffentlichem Raum – dem architektonischen Objekt – mit dem musealen Raum – dem in der Rekonstruktion verwendeten Ausstellungsgegenstand.

Unser Dank gilt insbesondere dem Rheinischen Landesmuseum Trier in Person von Dr. Karl-Uwe Mahler und Dr. Marcus Reuter für die unkomplizierte und hilfreiche Unterstützung unserer Arbeiten in Trier. Darüber hinaus wäre dieses Projekt nicht ohne die Hilfe unserer studentischen Hilfskräfte möglich gewesen: Wir danken Mahmoud Mhana (Technische Universität Darmstadt, Informatik) für die unermüdliche Programmierung der App in Unity sowie Lucas Cornelius und Sarah Cheikh-Ali (Technische Universität Darmstadt, Architektur) für die im wahrsten Sinne des Wortes konstruktive Hilfe während des Projektes, für die Modellierungen und 3D-Dokumentationen vor Ort.

Literatur

W. Broll, Augmentierte Realität. In: Grundlagen und Methoden der Virtuellen und Augmentierten Realität. Hrsg. von R. Dörner u. a. (Berlin 2019) 241-294. – F. Fless u. a., Authenticity and communication. In: Space and knowledge. Hrsg. von G. Graßhoff/M. Meyer. eTopoi, Sonderband 6, 481-524. http://dx.doi.org/10.17169/FUDOCS_document_000000026010 [07.12.2021]. – S. Hoppe/S. Breitling, Virtual palaces, digital images. An introduction. In: Virtual palaces, part II. Lost palaces and their afterlife. Virtual Reconstruction between science and media. Hrsg. von S. Hoppe/S. Breitling (München 2016) 11-20. – D. Lengyel/C. Toulouse, Darstellung von unscharfem Wissen in der Rekonstruktion historischer Bauten. In: Von Handaufmaß bis High Tech III. Erfassen, Modellieren, Visualisieren. 3D in der historischen Bauforschung. Hrsg. von K. Heine u. a. (Darmstadt 2011) 182-186. – S. Schmitz/A. Kronenberg, ARmob – Antike Realität mobil erleben. Archäologie und Augmented Reality. Antike Welt 45, 2015, H. 6, 46-50. – Vergangenheit neu sehen! Archäologie in Bildern. Hrsg. von R. Cordie u. a. (Trier 2020).

Abkürzungen

AR   Augmented Reality
SfM   Structure-from-Motion-Verfahren
VR   Virtual Reality

Abbildungsnachweis
Abb. 1-7 Verfasser.

Katharina Ackenheil
Anne Kurtze

ECHO – Die Aura der Antike

Sonderausstellung mit Werken von Werner Kroener
im Rheinischen Landesmuseum Trier
20. Juni 2020 bis 12. September 2021

1
Motiv des Ausstellungsplakats.

Das Rheinische Landesmuseum Trier hat die Aufgabe, die römische Vergangenheit zu erforschen, aber auch zugänglich zu machen und zu vermitteln. Das beinhaltet, nach neuen und unterschiedlichen Wegen zu suchen, Menschen für die Antike zu begeistern. Dies ist der Anspruch an eine für das Museum bislang ungewöhnliche Ausstellung: Im Juni 2020 eröffnete die Schau „Echo. Die Aura der Antike" mit Werken des zeitgenössischen Künstlers Werner Kroener, die ungewöhnliche Sichtweisen auf die antike Kunst und die Sammlung des Museums ermöglichte [Abb. 1].

Der Werkzyklus „Time Codes"

Der Künstler Werner Kroener interpretiert antike Werke neu. Als technische Ausdrucksformen wählt er Ölgemälde, mediale Projektionen und am Computer entstandene digitale Malerei. Kroener, geboren 1944 in Koblenz, lebt und arbeitet als Maler in München. Die aktuelle Ausstellung ist dritter Teil eines Werkzyklus und schließt an Präsentationen im Mittelrhein-Museum in Koblenz sowie der Glyptothek in München an. Für die Ausstellung „Time Codes I – Die Macht der Bilder", die 2015 im Mittelrhein-Museum Koblenz gezeigt wurde, malte Kroener zwei Jahre lang Titelbilder und Pressefotos der Süddeutschen Zeitung und setzte sich so mit der Frage auseinander, wie Zeitgeschehen in Bildern festgehalten wird und sich zu Geschichte manifestiert. 2016 zeigte die Glyptothek die Intervention „Time Codes II – Die Macht der Schönheit", in der Kroener seine modernen Interpretationen direkt den antiken Skulpturen gegenüberstellte. Sein großes künstlerisches Thema ist die Suche nach einem kollektiven Bildgedächtnis, dem Fundament der Bilder, mit denen und in denen wir täglich kommunizieren. Für Kroener ist die Beschäftigung mit der antiken Kunst im Kontext seines Gesamtwerkes somit nur stringent, ermöglicht sie doch die Annäherung an die Wurzeln unserer Bilder und Sehgewohnheiten.

In einer Zeit, in der Bilder wie nie zuvor Kommunikation übernehmen und täglich weltweit in unüberschaubarer Zahl erstellt, übermittelt und rezipiert werden, stellen sich diese Fragen auf besondere Weise. Da diese Entwicklung maßgeblich von den sozialen Medien mitgestaltet wird, ergibt sich für eine künstlerische Auseinandersetzung mit diesen Aspekten auch die Frage nach der Umsetzung. Werner Kroener stellt für den Zyklus „Time Codes" seine Werke in digitaler Malerei her – laut Kroener eine „demokratische" Form der Malerei, da sie an fast jedem Handy oder Laptop entstehen kann –, deren Ausdrucke in großen, LED-hinterleuchteten Rahmen ausgestellt werden, die ursprünglich aus dem Bereich der Werbung und des Ladenbaus stammen. Die Einbindung der Trierer Ausstellung in den Werkzyklus „Time Codes" und in das konzeptionelle Werk Kroeners findet auch auf digitaler Ebene statt. Auf der vom Künstler verantworteten Projektwebsite entstand parallel zur realen eine virtuelle Ausstellung, die mit eigens für die Ausstellungsräume komponierten Musikstücken eine besondere synästhetische Sammlung ergibt, die die Präsentation im Museum ergänzt. Mittels QR-Code ist die Musik auch in den Ausstellungssälen mit dem Smartphone abrufbar.

Die Sonderausstellung

Für die Ausstellung im Landesmuseum stand eines von Anfang an fest: Die antiken Vorbilder aus der Sammlung des Museums sollten den Werken Kroeners immer gegenübergestellt und ständig präsent sein. Dies wird in der Ausstellung unterschiedlich umgesetzt: Entweder sind die Werke als Bilder an der Wand präsent, oder sie überlagern sich auf transparenten Stoffbahnen direkt mit den Kunstwerken und treten mit ihnen in Interaktion, verstellen sie, erschaffen neue Eindrücke. Die Auswahl der Exponate und Motive, die Festlegung der Raumthemen und Raumbilder oblag dabei dem Künstler, die Umsetzung und bauliche Ausführung sowie die Betextung dem Landesmuseum. Hier wurde auch der mehr als ein Jahr andauernde Planungsprozess gesteuert und moderiert, in dem die Vorstellungen des Künstlers in konkrete Raumplanungen übertragen werden mussten. Im Ergebnis zeigt die Ausstellung „Echo. Die Aura der Antike. Werner Kroener" 47 Werke, von denen 30, darunter 14 digital gemalte Stücke und 15 Ölgemälde, eigens für die Ausstellung angefertigt wurden. 13 Bilder stammten aus der Ausstellung in der Glyptothek München.

Die Ausstellung wurde ohne externes Gestaltungsbüro geplant und umgesetzt, die gesamte Expertise und Arbeitsleistung von der Planung und Gestaltung bis zur Ausführung wurden von den Mitarbeiterinnen und Mitarbeitern des Museums erbracht. Die entscheidenden Monate fielen in die Zeit des ersten Lockdowns der Corona-Pandemie 2020, was die Realisierung erschwerte, und die Krise begleitete die Ausstellung auch darüber hinaus. Auf die sonst übliche Eröffnungsfeier musste verzichtet werden, das Begleit- und Veranstaltungsprogramm wurde komplett umgeplant und die Laufzeit der Ausstellung über den März 2021 bis in den September 2021 verlängert.

Prolog

Im Prolog zur Ausstellung begegnen die Museumsgäste dem Gesicht auf den Werbeplakaten: der Dea Mosella, einer Personifikation der Mosel auf dem Aufsatz eines kleinen Votivschiffes, das eine Gabe an die Flussgöttin war [**Abb. 2**]. Das Exponat ist als Kopie ausgestellt und ermöglicht eingangs die dreidimensionale Begegnung mit einem Museumsexponat. In den folgenden Räumen sind die Museumsstücke auf großen Bannern abgebildet, die versetzt vor den Werken Werner Kroeners von der Decke abgehängt sind [**Abb. 3**]. In den mehrsprachigen Raumtexten werden die Idee der Ausstellung sowie der Künstler vorgestellt.

Saal 1 – Antike Körper

Griechische und römische Skulptur setzt sich oft mit dem männlichen Körperbild, mit Stärke und Bewegung auseinander. Nacktheit ist hier kein Zeichen von Erotik, der Körper soll als Idealbild und mit seinem gesamten Ausdrucksspektrum gezeigt werden. Auch deshalb geben antike Skulpturen oft Themen der Mythologie wieder. Bis heute faszinieren die Körperdarstellungen der Antike die Künstlerinnen und Künstler. Das moderne Interesse daran erwacht in der Renaissance, hier erhält der Torso eine besondere Bedeutung: Er steht für die Essenz der antiken Kunst, die selbst in Teilen noch eine starke Ausdruckskraft besitzt. Werner Kroener widmet sich den Torsi als Hommage an die Vorbilder der Antike, aber auch der Kunst seit der Renaissance.

Der Saal „Krieg und Frieden",
Blick auf die zentrale
Videoprojektion.

Saal 2 – Krieg und Frieden

Seit jeher versuchen die Menschen, irdisches Leid mithilfe von religiösen Vorstellungen zu erklären. Die überzeitlichen Themen von Krieg, Leid, aber auch ihren Gegensätzen Frieden und himmlischer Überhöhung bilden die Sujets dieses Raumes, mit denen sich die Werke Kroeners und ihre antiken Vorbilder auseinandersetzen [Abb. 4]. Eifersüchtige Götter und Halbgötter, die untereinander Zwistigkeiten austragen und zerstörerisch in die Welt der Menschen eingreifen, sind Leitthema vieler Mythen. Sie zeigen die Auseinandersetzung der Menschen mit einem schicksalhaft den Naturgewalten ausgelieferten Leben. Luft und Feuer, Himmel und Erde stehen sich als an die Wand geworfene Projektionen gegenüber.

5
*Der Saal „Antike Pixelwelten"
mit den Themen Mosaiken,
Circus und Amphitheater.*

Saal 3 – Antike Pixelwelten

Die römischen Spiele in Amphitheater und Circus sind das Motiv vieler Mosaike aus den Villen wohlhabender Römer, die heute im Landesmuseum gezeigt werden. Werner Kroener macht in diesem Raum sowohl ihre besondere künstlerische Technik als auch die Ambivalenz ihrer Inhalte zum Gegenstand: Hinter der Begeisterung für die Wagenlenker und Kämpfer in der Arena steht der Tod, der Teil der Attraktivität dieser Massenunterhaltung war [Abb. 5].

6
Der Saal „Märchenhafte Antike".

Saal 4 – Märchenhafte Antike

Zwei Hauptwerken der Münchener Glyptothek ist dieser Raum gewidmet: einem Kopf der Medusa sowie dem sogenannten Barberinischen Faun [Abb. 6]. In der griechischen und römischen Kunst sind märchenhafte Gestalten fester Bestandteil der Bildsprache. Als Mischwesen aus Mensch und Tier bewegen sich Faun und Satyr zwischen religiöser und mythischer Lebenswelt. Das übelabwehrende Porträt der Medusa war weit verbreitet. Der antiken Sage nach enthauptet der griechische Held Perseus die Medusa, deren Anblick Feinde zu Stein erstarren lässt. Er schenkt ihren Kopf der Göttin Athene, die ihn fortan als magischen Schutzschild trägt.

7
*Der Saal „Gesichter einer Stadt"
mit Ölgemälden im Kiesbett und
Spiegelinstallation.*

Saal 5 – Gesichter einer Stadt

In Trier ist die antike Vergangenheit so präsent wie an kaum einem anderen Ort in Deutschland. Während wir heute die römische Stadt mit ihren Straßen, Plätzen und Bauwerken visualisieren können, ist schwer begreifbar, welche menschlichen Leben und Schicksale hier stattfanden. Diesem individuellen Gesicht der Stadt versucht sich Werner Kroener mit dieser Installation anzunähern [Abb. 7]. Maskenhaft treten die Abbilder der Verstorbenen aus der Erde, die ihre Vorbilder in Exponaten des Landesmuseums finden. Mit der kerzengleichen Beleuchtung und der Spiegelung in die Unendlichkeit ist hier ein raumgreifendes, stimmungsvolles Memento Mori geschaffen, eine Gemahnung an die eigene Sterblichkeit.

8
Der Saal „Ideale Schönheiten".

Saal 6 – Ideale Schönheiten

Jugendlich, anmutig und schlank – das ist das weibliche Schönheitsideal der Antike. Darstellungen von Göttinnen, Nymphen und Mythengestalten geben die griechischen und römischen Schönheitsvorstellungen wieder. In der männerdominierten Gesellschaft ist ihre Nacktheit, sofern die Skulpturen sie zeigen, durchaus mit Erotik verbunden. Die Trierer Amazone erzeugt als Ausnahme eine besondere Faszination:

Hier wird die Frau als nicht nur verführerisch, sondern auch gefährlich dargestellt. Ihre Brust ist der Erzählung nach nur entblößt, damit sie den Bogen schneller bedienen kann. Ihr Bild ist über der Anmutung eines spiegelnden Teiches gezeigt [Abb. 8]. Die Selbstbetrachtung im Spiegelbild verweist auf die antike Geschichte des Narziss, der sich in sein eigenes Spiegelbild verliebt und so sein tragisches Ende findet. Diese Anspielung im Zentrum des Raumes bricht mit dem Motiv der Schönheit und ordnet das Raumthema damit neu und kritisch ein.

Vermittlung und Begleitprogramm

Das abwechslungsreiche Begleitprogramm wurde nach frühzeitigem Entschluss, die Sonderausstellung um ein halbes Jahr zu verlängern, auf die ca. 18-monatige Laufzeit umgeplant. Themenführungen, Matineen in Zusammenarbeit mit dem Museumscafé, Kreativ-Coachings und Lesungen für Erwachsene, Familien- und Kinderprogramme wie Märchennachmittage, Familienführungen oder die „Sommerakademie für Kids mit Werner Kroener" gaben Gästen die Möglichkeit, die Sonderausstellung auf vielfältige Weise zu erleben. Mit der eigens konzipierten Kreativ-Tasche konnten Familien mit Kindern ab 7 Jahren die leuchtende digitale Malerei spielerisch auf eigene Faust erkunden [Abb. 9].

Trotz umsichtiger Neuplanung des Begleitprogramms haben einige Veranstaltungen coronabedingt leider nicht stattfinden können. Zum einen blieben die Museen in Deutschland nach dem ersten Lockdown im Frühjahr von November 2020 bis Mitte März 2021 für das Publikum geschlossen. Zum anderen waren aufgrund der Schutz- und Hygienemaßnahmen in den Monaten davor und danach in den Räumlichkeiten der Sonderausstellung keine oder nur eingeschränkte Programme für Besuchergruppen durchführbar. Neue Vermittlungsformate kamen kurzerhand zum Tragen: In den ersten Monaten der Ausstellungslaufzeit ersetzte der „ECHO Kunst-Talk für Individualbesucher*innen" mit speziell für die Ausstellung geschulten Gästeführerinnen und Gästeführern als Ansprechpartnern vor Ort die monatlichen öffentlichen Führungen. Ausgewählte Veranstaltungen, wie eine Abendführung in Bildern mit Werner Kroener oder ein Kinder-Workshop, fanden digital statt. Die öffentliche Führung für Blinde und Sehbehinderte wurde kurzfristig als Telefonführung angeboten. Zusätzliche Sonderaktionen sollten das Publikum für die Sonderausstellung begeistern, darunter die Aktion „Deine Museumspost", bei der Interessierte per Post einen adressierten und frankierten Rückumschlag an das Museum schicken konnten und kostenfrei Bastelmaterial rund um ECHO erhielten.

9
Kreativ-Tasche für Familien.

Das Bildungs- und Vermittlungsangebot im Landesmuseum umfasst stets auch buchbare Themenführungen und Workshops für
Schulklassen. Insgesamt drei museumspädagogische Programme von
der Grundschule bis zur Oberstufe sind für die Sonderausstellung er-
arbeitet worden. Zum ersten Mal wurde digitales Unterrichtsmaterial
angeboten, das für die Dauer der Ausstellung auf der Museumswebsite
abrufbar war und sich dem Thema „Antike in neuen Farben und Formen" widmete.

Planung, Realisierung und Durchführung der Sonderausstellung
haben die Mitwirkenden immer wieder vor neue Herausforderungen
gestellt. Umso dankbarer sind wir den zahlreichen Museumsgästen,
die die Sonderausstellung in Zeiten von Corona besucht haben.

Literatur

W. Kroener, Time Codes. Die Macht der Bilder. Hrsg. von M. Martell/K. Höhne (Türken-
feld 2015). – W. Kroener, Time Codes. Die Macht der Schönheit. Hrsg. von U. Müller
(Lindenberg 2016).

Abbildungsnachweis

Abb. 1 W. Kroener, München/F.-J. Dewald, RLM Trier.
Abb. 2-9 Th. Zühmer, RLM Trier, Digitalfotos.

Autoren

Katharina Ackenheil M. A.

Marina Apatsidis M. A.

Dr. Lars Blöck

Annegret Butz

Dr. Korana Deppmeyer

Dr. Sabine Faust

Dr. Ferdinand Heimerl

Dr. Anne Kurtze

Jürgen Merten, Dipl.-Bibliothekar

Generaldirektion Kulturelles Erbe
Rheinland-Pfalz
Rheinisches Landesmuseum Trier
Weimarer Allee 1
54290 Trier
landesmuseum-trier@gdke.rlp.de

Detlef Bach
Restaurierung archäologischer
Bodenfunde
Soonwaldstraße 19
55595 Winterbach
post@debach.de

Dr.-Ing. Clemens Brünenberg
Technische Universität Darmstadt
Fachbereich Architektur,
Fachgebiet Klassische Archäologie
El-Lissitzky-Straße 1
64287 Darmstadt
bruenenberg@klarch.tu-darmstadt.de

Dr. Michael Dodt
Mödrather Straße 7
53919 Weilerswist
m-dodt@t-online.de

Dr. Ulrike Ehmig
Berlin-Brandenburgische Akademie
der Wissenschaften
Jägerstraße 22/23
10117 Berlin
ulrike.ehmig@bbaw.de

Prof. Dr.-Ing. Martin Kim
Hochschule Mannheim
Fakultät für Gestaltung,
Institut für Designwissenschaft
Paul-Wittsack-Straße 10
68163 Mannheim
m.kim@hs-mannheim.de

Dr. Patrick Reinard
Universität Trier
Alte Geschichte
54286 Trier
reinard@uni-trier.de

Dr. Ronny Teuscher
Hegelstraße 89
08527 Plauen
ronny.teuscher@web.de